La France des Capétiens

987-1328

Michel Pastoureau

La France des Capétiens

987-1328

Préface
de
Pierre Miquel

Librairie Larousse
17, rue du Montparnasse 75006 Paris

Notre couverture :

Le siège de Damas par les Croisés en 1148.
Miniature du XVe siècle.
Phot. Bibliothèque nationale, Paris

Rédaction
Alain Melchior-Bonnet
avec le concours de Pierre Thibault

Secrétariat
Jocelyne Bierry

Correction-révision
Bernard Dauphin, Annick Valade

Documentation iconographique
Bernard Crochet, Françoise Guillot

Mise en pages
Eva Riffe
assistée de Jean-Michel Barthélémy

Couverture
Gérard Fritsch

Photographie
Gérard Le Gall, Jacques Bottet, Gilles Lours,
Jacques Torossian, Michel Toulet

Direction artistique
Frédérique Longuépée et Henri Serres-Cousiné

ISBN 2-03-779072-3

Cette série a été publiée sous le titre
« Histoire de France illustrée/2000 ans d'images » par la
Librairie Larousse

Sélection du Reader's Digest, S.A.
212, boulevard Saint-Germain, 75007 Paris
Achevé d'imprimer : octobre 1990
Dépôt légal en France : novembre 1990
Dépôt légal en Belgique : D. 1990.0621.40
ISBN 2-7098-0167-0

Impression et reliure : Grafica Editoriale (Bologne)

IMPRIMÉ EN ITALIE
Printed in Italy

Préface

Autour de l'an mil, le petit roi de l'Île-de-France n'a certes pas la puissance des hauts seigneurs qui l'entourent. Élu par ses pairs, Hugues Capet, le premier *Capétien,* ne possédait vraiment que son domaine royal, une partie de la Beauce et de la Brie. Il régnait de Poissy à Sens, médiocrement. Encore devait-il compter, sur son propre territoire, avec les petits barons remuants qui mettaient son autorité en péril.

Pourtant le roi avait sur ses rivaux un immense avantage : Dieu était avec lui, par la cérémonie du sacre. Il était le seul à disposer de la puissance spirituelle, inestimable en ces temps où l'on redoutait la fin du monde. De son vivant, Hugues Capet avait fait désigner comme roi son fils Robert, le futur Robert le Pieux, par l'assemblée des seigneurs. Une dynastie était fondée. Plus tard, il suffirait d'une simple acclamation des seigneurs à l'instigation de l'archevêque de Reims pour que le prince héritier de France devînt roi.

Une colombe aurait apporté le saint chrême à saint Remi, lors du baptême de Clovis. La légende faisait de l'«onction» du roi la source de son pouvoir miraculeux : «oint» du Seigneur, il guérissait les plaies d'un signe de croix. Il soignait les aveugles et faisait disparaître les écrouelles. Ainsi, les rois thaumaturges devenaient-ils incontestables. Qui aurait l'audace de s'opposer à l'élu du Seigneur?

Que ces premiers Capétiens étaient pauvres! Pas de résidence fixe, ni d'administration, ni d'impôts. Ils devaient rompre des lances pour réduire à obéissance les petits barons turbulents. Ainsi Louis VI le Gros dut-il faire la guerre au sire de Coucy, Thomas de Marle. Pourtant, leur territoire produisait en abondance le blé et le seigle. Ils contrôlaient la route des grandes foires du Nord. À Paris séjournaient les marchands italiens en voyage vers les villes des Flandres. Les sages conseillers royaux, comme Suger, persuadaient les rois d'avoir de saines finances, une gestion prudente et d'éviter les folles dépenses de guerre, même s'ils avaient le droit de lever l'*ost,* même s'ils avaient le devoir de parler, face à l'Empereur du Saint Empire, au nom de la France. Le roi de Paris, de Saint-Denis et de Reims était sans doute moins riche que le comte de Flandre ou le duc de Bourgogne, mais il était leur suzerain et pouvait, avec adresse, notamment dans les affaires de mariage et de succession, intervenir dans leurs fiefs.

Pouvait-il empêcher le bâtard Guillaume, devenu duc de Normandie, de faire la conquête de l'Angleterre? Pouvait-il empêcher les Bretons de rejeter les Francs? Pouvait-il s'imposer au puissant comte de Toulouse, qui avait fondé, au seuil du XIIe siècle, un État riche et prospère? Faible et démunie en ses débuts, la monarchie capétienne allait avoir, en fait, des moyens d'intervention de plus en plus puissants. De 1180 à 1328, les trois grands Capétiens, Philippe Auguste, Saint Louis et Philippe le Bel, rassemblèrent le royaume et jetèrent les bases d'un grand État.

Le premier s'attaqua d'entrée de jeu à son principal ennemi, le Plantagenêt, maître par héritage de l'Anjou, de la Touraine, du Maine et de la Normandie, roi d'Angleterre de surcroît. Cet heureux Henri II, qui avait épousé Aliénor d'Aquitaine, disposait de très nombreuses terres françaises. Le devoir du roi de France était de l'abattre. C'est Philippe II, le successeur de Louis VII, qui s'en chargea. Il battit Henri sur les bords de la Loire. Celui-ci en mourut et son vainqueur put partir en croisade avec son successeur, le bouillant Richard Cœur de Lion. Philippe II, appelé désormais Philippe *Auguste,* commença, à son retour de croisade, une lutte longue et patiente contre l'Angleterre, qui devait lui permettre de conquérir la Normandie après la chute de la forteresse de Château-Gaillard en 1204. Il s'empara ensuite des riches provinces de l'Ouest, l'Anjou, la Touraine et le Maine. Il avait les moyens d'intervenir en Bretagne. Philippe était heureux à la guerre. En 1214, il l'emporta miraculeusement à Bouvines contre son rival d'Angleterre, Jean sans Terre, l'empereur Otton Ier, le comte de Boulogne et le comte de Flandre, toutes les puissances de l'Europe réunies... Le comte de Flandre Ferrand, fait prisonnier, ornait à Paris le triomphe du roi, dont le fils, Louis, poursuivait les Anglais débandés jusqu'à Londres. Il fallut une intervention du pape pour que Philippe Auguste renonçât à s'emparer de la couronne d'Angleterre.

En pleine renaissance religieuse, grâce à l'action de saint Bernard, riche de la reprise du grand commerce et de l'essor rapide des villes, la France de Philippe Auguste s'organisa sous une administration qui devint plus efficace. Les baillis du roi représentaient son autorité dans les provinces. La justice du roi était respectée, et les finances, prospères. Les petits Capétiens de l'Île-de-France avaient réussi à fonder un État. Philippe Auguste n'eut pas à intervenir pour rallier les terres du Midi. L'hérésie cathare favorisa l'intervention des barons du Nord, appelés par les autorités religieuses, contre les hérétiques soutenus par le comte de Toulouse. À la bataille de Muret (1213), Raimond de Toulouse et les seigneurs du Midi furent vaincus par Simon de Montfort. Philippe Auguste s'était bien gardé d'intervenir. Sage prudence qui permit plus tard au roi de France Louis IX de recueillir l'héritage du dernier comte, Raimond VII (mort en 1249), sans violence et sans troubles.

Louis IX, dit Saint Louis, hérita ainsi d'un vaste domaine royal, dont la possession renforçait son autorité dans un royaume redouté à Londres, considéré à Rome, envié outre-Rhin. En 1226, à son avènement, Louis IX n'avait que 12 ans et sa mère, Blanche de Castille, prépara son règne en luttant contre les princes et les barons. A peine le roi fut-il en âge de gouverner qu'il pensa partir en croisade. Il s'embarqua en 1244, à Aigues-Mortes. Désastreuse entreprise qui ne lui permit pas de délivrer Jérusalem, tombée aux mains des Turcs. Saint Louis s'empara de Damiette, en Égypte, mais son armée, devant Le Caire, fut décimée par le typhus. Il dut rendre Damiette et payer aux Turcs 500 000 livres pour rentrer en France. En fait il s'embarqua pour la Syrie, où il remit de l'ordre dans les principautés chrétiennes. Quand il prit le chemin de Paris, sa réputation de piété était telle qu'il fut respecté dans toute la chrétienté. Non seulement le roi de France était le plus puissant monarque d'Europe, mais il apparaissait désormais à Rome comme le meilleur défenseur de la foi.

Cet homme pieux n'était pas un faible. Il fit sentir son gant de fer aux vassaux révoltés et imposa sa justice, en rendant lui-même, au besoin, des jugements. Il s'entoura de parlementaires, qui jugeaient les causes en appel, en son nom. Ses ordonnances définissaient le droit et s'imposaient à l'administration. Quand il s'embarqua, en 1270, pour une nouvelle croisade, il avait fait la paix avec le roi d'Aragon et le roi d'Angleterre (à qui il avait abandonné la Guyenne, le Limousin, le Périgord et le Quercy). Il mourut sous les murs de Tunis, de la peste. Vingt-sept ans seulement après sa mort, en 1297, il fut canonisé.

Après le roi des cathédrales, des croisades et des universités, Philippe IV le Bel fut le dernier des «grands» Capétiens. Il hérita d'un riche royaume, qui n'avait pas connu la guerre depuis Bouvines. Il régna sur 14 ou 15 millions de sujets, et Paris, sa capitale, dépassait les 100 000 habitants. Il fut riche du blé de Beauce, des textiles du Nord, des foires de Champagne, du sel de l'Atlantique et du Languedoc. Il leva partout des taxes, imposa à tous sa loi, celle que rédigeaient pour lui les «légistes royaux». Les Nogaret et les Marigny dotèrent la France d'une très solide administration. À Paris, le parlement se détacha du Conseil royal et devint indépendant, ainsi que la Cour des comptes. Le roi prit l'habitude de consulter ses sujets en convoquant leurs représentants dans des états généraux. Pour financer son administration et la grande armée régulière qu'il rêvait de lever, le roi organisa les impôts, leva des taxes, même sur le clergé. Il entra ainsi en conflit avec le pape Boniface VIII, qu'il n'hésita pas à faire arrêter (à Anagni) pour lui faire reconnaître son droit. Faute de pouvoir taxer le peuple des villes, qui se révolta contre le fisc, il accabla les marchands étrangers, rogna les monnaies et saisit les biens et les richesses de l'ordre des Templiers. Un procès en sorcellerie fut intenté contre l'ordre, dont le grand maître, Jacques de Molay, mourut sur le bûcher bien après le supplice de 51 templiers. Le roi avait regroupé les évêques de France autour de lui, contre le pape. Il était maître absolu de son royaume.

Quand le dernier Capétien, Charles IV, mourut, en 1328, sans héritier mâle, les barons de France, conscients de la force du royaume, choisirent comme souverain un descendant collatéral de la dynastie capétienne, Philippe de Valois. Ils écartaient par là même la candidature du roi d'Angleterre Édouard III, dont le père, Édouard II, avait épousé Isabelle, fille de Philippe le Bel. Ils préparaient ainsi une guerre de succession qui devait durer cent ans.

Pierre Miquel

Sommaire

987-1108 Les premiers Capétiens

En France comme dans la plupart des royaumes d'Occident, les multiples invasions des Scandinaves et des Hongrois qui s'étaient succédé lors de la seconde moitié du IXe siècle et de la première moitié du Xe eurent pour conséquences un affaiblissement général de l'État et du pouvoir monarchique, la dévastation de nombreuses régions et, de ce fait, l'essor du régime féodal. Progressivement, ducs et comtes avaient, en effet, transformé en fief héréditaire le duché ou le comté qu'ils administraient autrefois au nom du roi. Et, à l'intérieur de ce fief, ils exerçaient désormais à leur profit la plupart des droits que, jusqu'alors, le souverain seul avait détenus dans le royaume : lever des impôts, faire la guerre, rendre la justice.

Les derniers Carolingiens furent donc des rois dont le pouvoir était faible, même si la seconde moitié du Xe siècle fut une période de paix relative, marquée par la fin des invasions, les premiers défrichements et une certaine renaissance intellectuelle. Le personnage le plus puissant du royaume était le comte de Paris et duc des Francs, plus exactement « dux Francorum », Hugues le Grand, largement possessionné entre la Somme et la Loire et appartenant à une maison déjà prestigieuse, les Robertiens (du nom de son grand-père Robert le Fort), originaires de l'Anjou. Politique habile et sans scrupule, ce prince « fit les rois » jusqu'à sa mort en 956. À la fin de l'époque carolingienne, la monarchie française était en effet devenue élective et non plus héréditaire. Grands barons et prélats du royaume s'étaient arrogé le droit d'élire le roi. Ce système leur permit de marchander le pouvoir et de ne le donner qu'à des princes ayant pris envers eux des engagements qui souvent affaiblirent beaucoup l'autorité royale.

En 987, à la mort du roi Louis V, ce ne fut pas un Carolingien, un descendant de Charlemagne, qui fut élu pour lui succéder, mais un membre de cette famille des Robertiens, l'aîné des fils de Hugues le Grand, nommé lui-même Hugues. Ce n'est qu'au XIIe siècle que celui-ci fut surnommé Capet, peut-être parce que, comme ses ancêtres, il était abbé laïque de Tours où était conservé un fragment du manteau — la *capa* — de saint Martin ; et ce ne fut qu'à une époque plus tardive que l'on prit conscience que cette date de 987 constituait un tournant politique important dans l'histoire du royaume : l'avènement d'une dynastie nouvelle qui se perpétua sans interruption sur le trône de France jusqu'en 1792. Mais, sur le moment, ce changement définitif de dynastie passa presque inaperçu. Comme leurs prédécesseurs carolingiens, les premiers Capétiens ne détinrent qu'une autorité limitée. Toutefois, par une politique avisée, qui consista notamment à associer de leur vivant leur fils au trône, les quatre premiers rois assurèrent solidement leur dynastie. En outre, le royaume devint plus riche et plus paisible. Les paysans se remirent au travail et défrichèrent des terres nouvelles ; les échanges commerciaux s'intensifièrent ; les écoles attachées aux monastères s'ouvrirent de nouveau, et la construction de grandes églises reprit.

Cependant, les premiers Capétiens durent souvent compter avec leurs vassaux, grands et petits. Le plus puissant était le duc de Normandie, qui, en 1066, franchit la Manche, vainquit les Anglo-Saxons à la bataille de Hastings et se fit couronner roi d'Angleterre.

◁ **Un roi et un grand feudataire.** Les derniers rois carolingiens et les premiers rois capétiens eurent souvent moins de pouvoir que certains ducs et comtes dont ils étaient juridiquement les suzerains. Dans l'iconographie, rien, excepté la couronne, ne distinguait un grand féodal (à gauche) d'un souverain (à droite). Hugues Capet fut même plus riche et plus puissant avant sa montée sur le trône, lorsqu'il était duc de France, que lorsqu'il fut devenu roi. Cette situation perdura jusqu'au début du XIIe siècle. Miniature espagnole du XIIe siècle.
Phot. Arxiumas.

AVANT LES ÉVÉNEMENTS DE 987 et la montée sur le trône de la dynastie capétienne, les Carolingiens avaient déjà plusieurs fois perdu la royauté. Ainsi, en 887, les barons avaient déposé à la diète de Tribur l'empereur Charles le Gros et, à sa mort, en 888, ils avaient élu un nouveau roi de *Francia occidentalis,* Eudes, héros du siège victorieux de Paris contre les Normands et fils du fameux Robert le Fort. À la mort d'Eudes, la couronne fut donnée de nouveau à un Carolingien, Charles III le Simple, mais celui-ci dut affronter les tout-puissants Robertiens et accorder au fils de son prédécesseur, Robert, le titre de « duc des Francs » avec l'autorité princière dans les pays situés entre la Loire et la Seine où sa famille possédait déjà d'importants comtés. Aussi Hugues le Grand, fils de Robert, devint-il, entre 923 et 956, le baron le plus puissant du royaume, dédaignant la couronne pour lui-même, mais tenant les rois en tutelle et disposant en fait de la royauté lors de l'élection des souverains : d'abord Louis IV en 936, puis le fils de ce dernier, Lothaire, en 954.

L'élection de Hugues Capet. En 986, le fils de Lothaire devint roi sous le nom de Louis V. Ce fut le dernier souverain carolingien « français ». Il mourut en effet le 21 mai 987 dans un accident de chasse. Il n'avait pas de fils. À l'assemblée de Senlis, sur proposition de l'archevêque de Reims Adalbéron, les grands du royaume offrirent la couronne au duc des Francs, Hugues (Capet), fils de Hugues le Grand, et celui-ci l'accepta. Personne ne pensait assister à une « révolution ». Les prétentions du Carolingien Charles, duc de Basse-Lorraine, oncle du roi défunt, furent repoussées. Les grands préférèrent donner la couronne à l'un d'entre eux plutôt qu'à un descendant direct de Charlemagne, qui aurait pu se prévaloir de cette ascendance illustre pour tenter de les dominer. Hugues reçut donc très normalement l'onc-

Une dynastie nouvelle

◁ **Denier frappé à Angers par Foulques Nerra, comte d'Anjou (vers 1030).** Ce personnage, devenu légendaire dans toute la France de l'Ouest, fut le type même du grand féodal, agité et querelleur, brutal et cruel, mais aussi pieux et protecteur des monastères. Il tua de sa propre main le comte de Rennes Conan Ier, mais il accomplit quatre pèlerinages en Terre sainte et c'est au retour du dernier qu'il mourut en Lorraine.
Phot. Ohana.

▽ **Diplôme de Hugues Capet,** daté du 20 juin 989, par lequel le roi cède à l'abbaye de Saint-Maur-des-Fossés le domaine de Maisons-Alfort. Cette charte est la seule de ce roi conservée aux Archives nationales.
Phot. Bulloz.

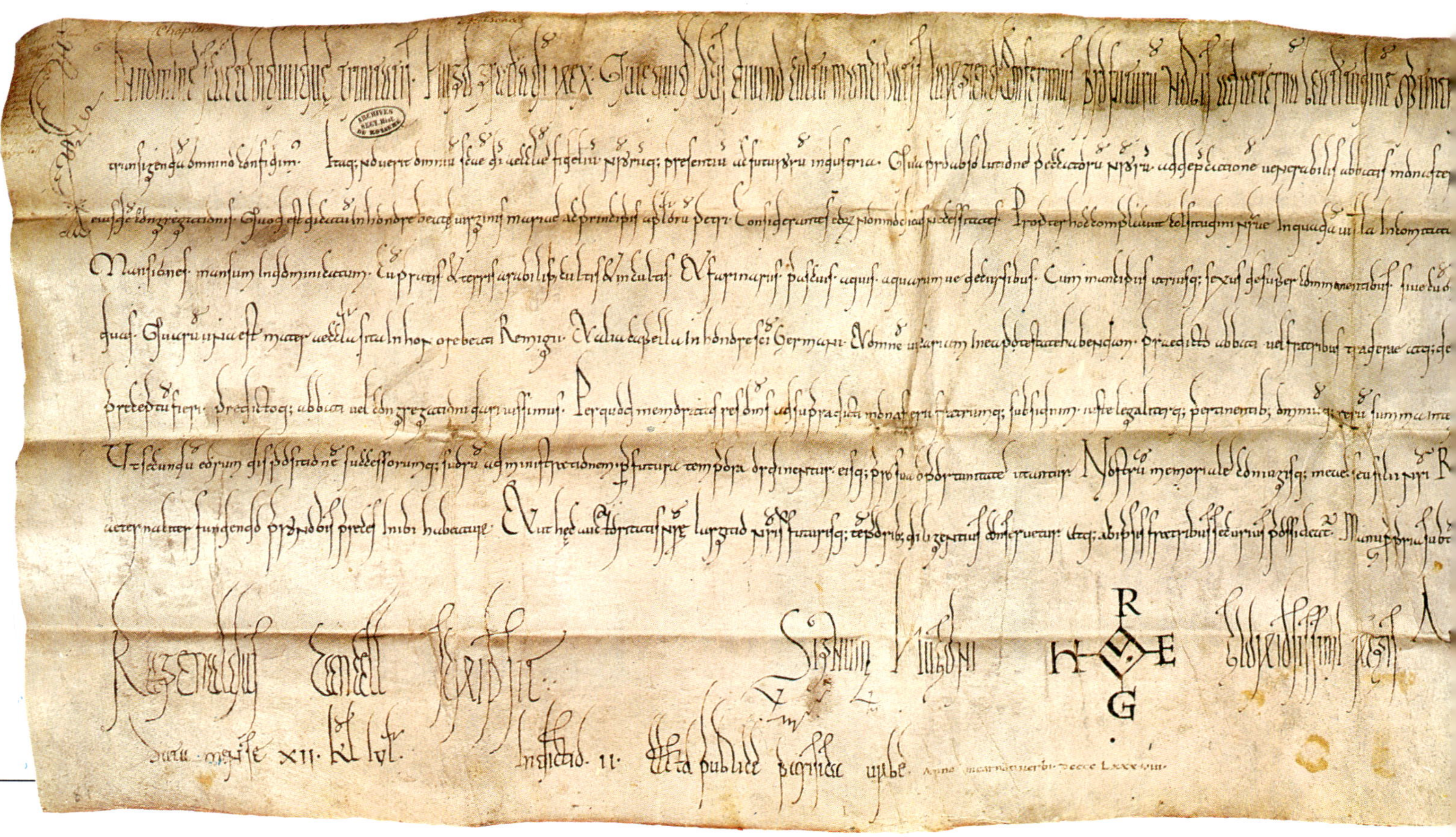

Scènes du sacre d'un roi ▷ de France : rituels vestimentaires (en haut) et couronnement du roi par les pairs ecclésiastiques (en bas). Célébrée à Orléans, à Sens ou à Reims, puis définitivement dans cette dernière ville, où Clovis avait reçu le baptême, la longue cérémonie du sacre fut l'un des grands atouts de la jeune monarchie capétienne, à qui elle conférait une légitimité et une autorité d'essence divine, grâce à l'onction. L'habitude de faire sacrer le fils aîné du roi du vivant de son père transforma peu à peu la royauté élective en royauté héréditaire. Miniature du milieu du XIIIe siècle. B. N.
Phot. B. N.

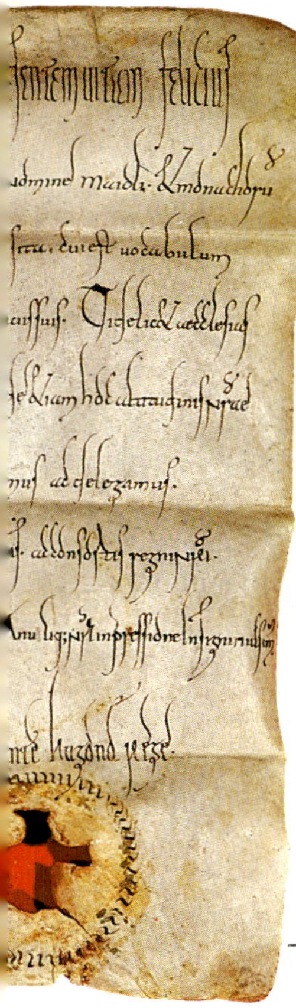

tion royale à Noyon, le 3 juillet 987. Homme d'un âge déjà avancé (nous ne connaissons pas exactement sa date de naissance), célèbre par sa famille et par ses actions, il apparaissait capable de défendre le royaume et la royauté contre des voisins très puissants. En fait, son avènement semblait prévu depuis de nombreuses années. Dès l'époque du roi Lothaire, un chroniqueur écrivait déjà : « Lothaire n'est roi que de nom ; Hugues n'en porte pas le titre, mais il l'est en faits et en actes. » Cela fut encore plus vrai sous Louis V.

La famille des Robertiens assumait donc de nouveau le pouvoir monarchique sans qu'aucun contemporain ne s'en scandalisât. Sous le nouveau nom de « Capétiens », elle devait conserver la couronne jusqu'à la Révolution.

La France de l'an mille. Aux environs de l'an mille, le royaume de France était encore enfermé dans les limites qui lui avait été attribuées en 843, après le partage de Verdun. Son territoire correspondait à une soixantaine de nos départements actuels. Au nord, il englobait la Flandre jusqu'à l'embouchure de l'Escaut ; au sud, il incluait une grande partie de la Catalogne, y compris la cité de Barcelone ; à l'est, en revanche, les confins du royaume, correspondant à un ensemble de terres, de droits et de bénéfices, suivaient approximativement les cours de la Meuse, de la Saône et du Rhône et se situaient donc bien en retrait des limites de la France actuelle. Ainsi laissaient-ils hors du royaume le Lyonnais et le Vivarais.

À l'intérieur, deux grands ensembles s'opposaient assez nettement, par leurs langues, par leurs cultures, par leurs structures sociales, et même par l'origine ethnique de leurs populations : Normands (Scandinaves), Bretons (Celtes), Auvergnats ou Gascons ne se ressemblaient guère. Au nord de la Loire, la *Francia,* c'est-à-dire la France proprement dite, était encore très germanique ; ses habitants y parlaient différents dialectes appartenant à la *langue d'oïl* (*oïl* est la transcription phonétique des façons de prononcer « oui » dans ces régions) ; les petits seigneurs y étaient nombreux, et la pyramide du système féodal très hiérarchisée. Au sud, dans les pays de *langue d'oc,* plus proches du latin, l'ancienne civilisation gallo-romaine avait mieux résisté à la germanisation ; les fiefs y étaient plus grands, les seigneurs moins belliqueux et la vie plus paisible. Loin d'être un cliché tardif de chroniqueur ou de poète, cette opposition entre le nord et le sud de la France était un authentique fait de civilisation. Il se reflétait aussi bien dans la pratique des textes juridiques (les

△ **La fin des temps et le déchaînement du mal,** dans un manuscrit de l'Apocalypse copié au milieu du XIe siècle. Si les prétendues «terreurs de l'an mille» furent une création des historiens romantiques, les croyances apocalyptiques traversèrent tout le Moyen Âge. B. N.
Phot. Lauros-Ségalat.

Serfs tirant une herse. ▷ Longtemps les attelages de bœufs et de chevaux furent un luxe réservé aux plus riches ; dans maintes régions du royaume, spécialement dans l'Est et dans le Centre, il n'était pas rare que les serfs eux-mêmes soient attelés à la herse ou à la charrue. Toutefois, ces pratiques reculèrent dans le courant du XIe siècle, lorsque de nouveaux et nombreux pâturages furent conquis sur la friche et permirent un développement général de l'élevage. Miniature du début du XIe siècle.
Phot. Edimedia.

La récolte du miel. Le miel ▷ fut pour l'Occident médiéval un produit particulièrement bénéfique, presque magique. Récolté en toutes régions, selon des techniques apicoles déjà connues de l'Antiquité, il entrait dans la composition de nombreux aliments, boissons et médecines. Par là même, il était pour l'homme du Moyen Âge symbole de richesse, de douceur et de fécondité. L'élevage des abeilles était pratiqué dans toutes les seigneuries et fournissait un autre produit essentiel à la civilisation médiévale : la cire. Miniature du XIe siècle, Italie du Sud.
Phot. Explorer Archives.

régions méridionales continuaient d'avoir recours au droit romain que le Nord ignorait presque totalement) que dans la vie matérielle et quotidienne, telle que les découvertes des fouilles archéologiques l'ont fait peu à peu mieux connaître.

À la suite de Michelet et des historiens du XIXe siècle, on a longtemps cru que la France des lendemains de l'an mille avait vécu dans la crainte de la fin du monde, correspondant au millième anniversaire de la vie du Christ (1000-1033). En fait, les prétendues « terreurs de l'an mille », fondées sur les dires de chroniqueurs tardifs, n'ont jamais réellement existé. En revanche, il est certain que, pendant la première moitié du XIe siècle, les hommes ont ressenti une angoisse latente du Jugement dernier, en particulier en France, angoisse accentuée par la gravité des famines et des épidémies qui leur apparaissaient comme les signes tangibles du combat que se livraient dans l'invisible les forces du bien et celles du mal. Les rendements agricoles étaient très faibles et soumis aux caprices du climat. La difficulté des transports et l'absence de véritable organisation commerciale rendaient impossible la circulation des denrées d'une région d'abondance vers une région de pénurie. Les disettes étaient donc fréquentes. Et, lors des années particulièrement mauvaises, lorsqu'il avait trop plu (ce qui arriva fré-

quemment entre 1020 et 1035) ou pas assez (en 1005-1006), elles engendraient des famines (la plus grave fut observée en Bourgogne par Raoul Glaber en 1032-1033). Affamés, les paysans se nourrissaient d'herbe et de feuilles, voire de produits impropres à la consommation ; ce qui entraînait maladies, puis épidémies et favorisait les mouvements de peur et la renaissance des hérésies. Ainsi vit-on le retour de l'ancienne hérésie manichéiste en Champagne et dans le Val de Loire après 1020 ; ou celle de Bérenger de Tours au milieu du siècle. Robert le Pieux fut le premier roi de France à brûler des hérétiques : à Orléans, en 1022. Toutefois, il ne s'agissait pas de mouvements généraux, mais de foyers localisés, issus des difficultés du temps.

Faiblesse des premiers rois capétiens. La France manquait donc d'unité. Elle souffrait également d'être morcelée en un grand nombre de fiefs et de seigneuries assez faiblement soumis à l'autorité du roi. Beaucoup de ces fiefs — par exemple, les duchés de Normandie et d'Aquitaine, les comtés de Flandre, de Champagne, de Toulouse — étaient plus grands et plus puissants que le domaine royal, ancien « duché de France » largement amputé de territoires que Hugues Capet dut concéder à sa famille et aux grands pour les remercier de son élection. Autrefois riche baron, Hugues était devenu un roi relativement pauvre, et ses premiers successeurs le resteront. Le domaine royal s'étirait des environs de Compiègne aux confins méridionaux d'Orléans. Il correspondait en gros

△ **Robert le Pieux eut à plusieurs reprises de graves démêlés avec la papauté (à gauche),** en raison de son union avec Berthe de Bourgogne, sa parente à un degré prohibé par l'Église. Il n'eut guère plus de succès avec son puissant vassal le duc Richard II de Normandie (à droite), que l'on voit ici prendre la ville de Meulan. Miniature du milieu du XVe siècle, attribuée à Jean Fouquet. B. N.
Phot. B. N.

à deux de nos départements, mais les enclaves y étaient nombreuses, particulièrement celles que possédait l'Église. En outre, à l'intérieur même de ce domaine, les Capétiens furent affrontés, pendant plus d'un siècle, à leurs propres vassaux directs, petits seigneurs agités et belliqueux, à l'humeur indépendante et qui ne craignaient pas de leur faire la guerre, tels les seigneurs de Coucy, du Puiset, de Montlhéry.

Hors de ce territoire, l'autorité royale était encore plus précaire. Certes, en principe, le roi était le maître suprême, le suzerain de tous les ducs et comtes ; il pouvait leur demander de venir à sa cour et les consulter sur des décisions intéressant l'ensemble du royaume. Mais ce qui constitua plus tard l'un des atouts majeurs de la monarchie capétienne restait, au XIe siècle, assez théorique. Hugues Capet et ses trois premiers successeurs furent des souverains dont les moyens étaient en réalité très restreints. Ils ne purent guère compter sur l'assistance militaire de leurs vassaux directs, qui n'étaient obligés chaque année qu'à un temps de service d'*ost* assez court : moins de quarante jours. Leurs revenus étaient limités à ceux de leurs terres personnelles, et encore devaient-ils en abandonner une partie aux prévôts officiers, qui administraient ces terres en leur nom. En outre, comme les Carolingiens, les premiers Capétiens n'avaient pas de capitale fixe, même si leur séjour favori était à Orléans. Ils se déplaçaient de *villa* en *villa*, de propriété en propriété, pour y vivre des produits du sol. Il fallut attendre la fin du XIIe siècle et

◁ **L'église abbatiale et le village de Conques.** À la fin de l'époque carolingienne, Conques devint un des premiers lieux de pèlerinage du centre et du midi de la France, grâce à l'acquisition, frauduleuse, des reliques de sainte Foy d'Agen. L'abbaye se développa considérablement aux XIe et XIIe siècles, eut des filiales et finit par être la grande étape obligée du prestigieux pèlerinage vers Saint-Jacques-de-Compostelle.
Phot. Levassort.

△ **Tympan de Sainte-Foy de Conques : les vertus surplombant le Paradis.** La sculpture romane fut un art tout à la fois profondément humain et passionnément tourmenté, mêlant les scènes réalistes, les allégories savantes et les monstres aux formes les plus inquiétantes. Le tympan du Jugement dernier, offert à la vue des pèlerins de l'Europe entière sur la façade de l'église abbatiale Sainte-Foy de Conques, est l'un des grands chefs-d'œuvre produits par ce mélange expressionniste du paisible (comme ici) et de l'effrayant (l'Enfer, sur la partie droite du tympan, absente sur l'image).
Phot. Lauros-Giraudon.

le règne de Philippe Auguste pour que Paris devînt le lieu de résidence le plus habituel du souverain, et par là même la « capitale » du royaume.

Cependant, la faiblesse principale de cette dynastie était ailleurs. Elle venait de ce que la monarchie était toujours élective et non pas héréditaire. Le roi était l'obligé de ses électeurs, prélats et barons, vis-à-vis desquels il devait prendre des engagements, les respecter et s'efforcer de ne pas trop user de ses droits de souverain par crainte d'être déposé. Le roi n'était en somme qu'un grand féodal parmi d'autres ; militairement et financièrement, il était même moins puissant que beaucoup d'autres. Et l'histoire politique de la France au XIe siècle, tout autant que celle des Capétiens, était celle des grands féodaux : le duc de Normandie, qui franchit la Manche pour conquérir le royaume d'Angleterre ; le duc d'Aquitaine et le comte de Toulouse, qui rêvaient déjà de s'étendre au-delà des Pyrénées ; le comte de Flandre, qui conduisit sa propre politique familiale dans les pays d'Empire et, au-delà des mers, en Terre sainte.

Affirmation de la dynastie. L'histoire des quatre premiers rois capétiens eux-mêmes nous est assez mal connue. Ils ont laissé peu d'actes écrits, et leur personnalité, tant physique que morale, reste floue. Les sources narratives, émanant presque toutes de clercs, nous laissent seulement deviner quelques traits. D'Hugues Capet nous ne savons pratiquement rien ; il est mieux connu comme duc des Francs, avant 987, que comme roi de France, après cette date. Son fils Robert II le Pieux, « grand, voûté et barbu » (la barbe est à cette époque relativement rare), semble avoir été un homme doux et affable mais velléitaire. Il en fut de même de Henri Ier, vaillant au combat mais roi de peu d'envergure. Quant à Philippe Ier, détesté des chroniqueurs, qui l'ont dépeint comme gourmand, cupide et sensuel, ce fut un personnage déroutant, à la fois faible et lâche, mais aussi politique prudent, sachant s'entourer de conseillers habiles. Pendant son long règne de quarante-huit années (par la durée, le troisième de toute l'histoire de France), contemporain de la constitution du puissant royaume anglo-normand et du début des croisades en Terre sainte, Philippe Ier réussit à étendre le domaine royal, à maintenir l'ensemble du royaume dans une paix relative et à éviter de le lancer dans des aventures extérieures dangereuses. Cela profita par la suite à l'ensemble de la dynastie.

Car contre toute attente, la famille capétienne parvint à se maintenir sur le trône. Un siècle après l'avènement de Hugues Capet, elle y semblait même solidement installée. Ce fut là surtout le fait d'une

△ **Le roi Henri Ier eut un début de règne difficile.** Sa mère, Constance d'Arles, veuve de Robert le Pieux, préférait son dernier fils Robert et chercha en vain, avec l'appui des grands feudataires, à le faire sacrer roi de France. Henri reprend ici la ville de Tours à ses ennemis coalisés. Miniature du milieu du XVe siècle attribuée à Jean Fouquet. B. N.
Phot. B. N.

Excommunication du roi Philippe Ier. Comme son grand-père Robert le Pieux, Philippe fut excommunié en raison de son comportement matrimonial : il avait répudié son épouse légitime, puis enlevé et épousé celle du comte d'Anjou, Bertrade de Montfort. Miniature du XVe siècle. Musée Condé, Chantilly. ▷
Phot. Lauros-Giraudon.

politique avisée et continue, chaque roi associant de son vivant son fils au trône. Dès le 25 décembre 987, Hugues Capet, sacré roi le 3 juillet précédent, fit couronner son fils Robert et l'associa au pouvoir. Celui-ci régna seul de 996 à 1031, mais fit de même avec ses propres fils : d'abord Hugues, couronné en 1017 mais qui mourut en 1024, puis Henri, couronné en 1026 et seul roi à partir de 1031. Henri usa du même procédé avec son fils Philippe, sacré à Reims en 1059 alors qu'il était seulement âgé de sept ans. Enfin, en 1100, le futur Louis VI fut pareillement associé au trône, huit ans avant la mort de son père. Une telle habitude introduisit progressivement dans les faits le principe de l'hérédité. Prélats et barons étaient toujours convoqués par les rois pour ratifier la désignation et le couronnement du fils aîné du vivant de son père ; en ne s'y opposant pas, ils participèrent ainsi, malgré eux, à la consolidation de la monarchie et de la dynastie. Celle-ci fut en outre favorisée par le destin : jusqu'au début du XIVe siècle, tous les rois capétiens eurent un ou plusieurs fils aptes à leur succéder. Parfois, cependant, il fallut aider ce destin : Robert le Pieux, par exemple, n'hésita pas à répu-

▽ **Fondation de l'abbaye de Saint-Martin-des-Champs,** par le roi Philippe Ier, à la fin du XIe siècle. Miniature du début du XIIIe siècle. B. N. *Phot. Lauros-Giraudon.*

La bataille d'Hastings. À ▷ la fin du XIe siècle, en raison de l'évolution de l'équipement militaire, les combattants occidentaux commencèrent à être difficilement reconnaissables sur les champs de bataille et de tournoi. D'où, quelques décennies plus tard, l'apparition des armoiries sur les écus pour servir de signes de reconnaissance. Ici, le duc Guillaume doit relever son casque pour se montrer à ses hommes qui l'avaient cru mort. Musée de Bayeux.
Phot. Giraudon.

◁ **Le serment de Harold.** Devant Guillaume de Normandie, assis sur son trône ducal, Harold, beau-frère du roi d'Angleterre Édouard le Confesseur, prête serment sur deux énormes reliquaires : il jure de reconnaître Guillaume comme roi d'Angleterre à la mort d'Édouard. Lorsque celle-ci survint, il ne respecta pas son serment ; ce qui décida Guillaume à franchir la Manche et à conquérir le royaume qui lui avait été promis. Bien mis en valeur par la broderie de Bayeux, cet épisode du serment non tenu fait de Harold un parjure et de Guillaume un prince légitime décidé à faire respecter son bon droit. Tapisserie de la reine Mathilde. Musée de Bayeux. *Phot. Giraudon.*

dier son épouse stérile et âgée, Rozala d'Ivrée, pour prendre, à la grande colère de l'Église, une femme plus jeune, sa parente assez proche, Berthe, veuve du comte Eudes Ier de Blois.

Ainsi, malgré des handicaps importants, les premiers rois capétiens avaient su, en un peu plus d'un siècle, faire oublier l'éviction définitive des Carolingiens. Au début du XIIe siècle, malgré le rôle encore très discret qu'ils jouaient dans la politique européenne, leur famille semblait solidement ancrée au pouvoir et définitivement reconnue par les empereurs germaniques depuis les entrevues d'Ivois : la première entre Henri II et le roi de France Robert II le Pieux (1021), la seconde entre Henri III et le roi de France Henri Ier (1043).

La conquête de l'Angleterre. Chassée du trône au lendemain de l'an mille par les rois de Danemark et Norvège, la dynastie anglo-saxonne n'avait réussi à récupérer la couronne d'Angleterre qu'en 1042, avec l'avènement du roi Édouard le Confesseur. Le 5 janvier 1066, le monarque mourut sans enfant. Son beau-frère Harold lui succéda, mais il se heurta aussitôt à un compétiteur redoutable, le duc Guillaume de Normandie. Celui-ci affirmait en effet que le vieux roi Édouard, son cousin, lui avait promis sa succession, et qu'au surplus Harold lui-même, jadis jeté par un naufrage sur la côte normande et traité comme un ami par le duc, avait juré sur des reliques de reconnaître Guillaume comme successeur d'Édouard. Harold, lui, prétendait avoir été trompé sur la valeur du serment prêté par une ruse de Guillaume (ce dernier aurait caché les reliques dans un coffre et Harold, ignorant leur présence, n'aurait fait qu'une vague promesse en étendant la main sur un simple missel posé sur le coffre).

Habile politique, Guillaume exploita cette situation, qui semblait faire de Harold un parjure (le péché le plus grave). Il envoya à Rome une ambassade et obtint du pape Alexandre II l'excommunication de son rival. Dès lors, son projet d'expédition en Angleterre devint une véritable croisade, engagée sous l'étendard pontifical et destinée à destituer un usurpateur mis au ban de la chrétienté. Cela facilita grandement le recrutement de troupes. En outre, Guil-

Les archers normands. Ils jouèrent un rôle décisif dans la victoire de Guillaume à la bataille de Hastings. Munis d'un arc court, en bois d'if, ils pouvaient expédier leurs flèches à plus de cent mètres. Harold fut du reste tué d'une flèche reçue dans l'œil. Musée de Bayeux. *Phot. Giraudon.* ▷

laume fit appel non seulement à ses proches — notamment à son frère Odon, évêque de Bayeux et commanditaire de la célèbre broderie racontant la conquête —, à ses vassaux, à ses voisins — ainsi au puissant comte de Boulogne —, mais aussi à tous les seigneurs et chevaliers du royaume de France désireux de courir l'aventure. Il leur promit des fiefs outre-Manche et parvint ainsi à réunir une armée de 5 000 à 7 000 hommes, des Normands bien sûr, mais également des Picards, des Flamands, des Bretons, des Champenois, etc. Après huit mois de préparatifs, cette armée, partie de l'embouchure de la Dives, près de Cabourg, fit escale à Saint-Valéry-sur-Somme puis fut transportée en Angleterre par 1 400 navires (400 pour les hommes, 1 000 pour les chevaux, les armes et les marchandises). Elle débarqua à Pevensey, dans le Sussex, le 29 septembre.

La rencontre décisive avec les troupes de Harold eut lieu à Hastings, au sud-ouest de Douvres, le 14 octobre 1066.

△ **Transport des armes et des vivres.** Réalisée à la fin du XIe siècle, vingt ou trente ans après la conquête, la broderie de Bayeux célèbre la juste victoire des Normands et constitue pour l'historien un très riche document sur la civilisation matérielle de part et d'autre de la Manche à l'époque féodale. Musée de Bayeux.
Phot. Giraudon.

Les bateaux normands, ▷ ici tirés jusqu'à la mer, étaient pour la plupart de longues barques à fond plat et aux extrémités fortement relevées. Rapides sur l'eau, faciles à transporter et à gouverner, ils apportaient la preuve de la supériorité des peuples scandinaves dans les arts de la mer. Musée de Bayeux.
Phot. Giraudon.

Une fois encore, Guillaume fit preuve de ruse. Comme les fantassins anglo-saxons avaient pris position sur une colline d'où il paraissait difficile de les déloger, Guillaume sembla refuser le combat et se retira. Les soldats de Harold descendirent alors dans la plaine, et la cavalerie normande, faisant subitement volte-face, les chargea victorieusement. Harold, atteint d'une flèche dans l'œil, fut au nombre des morts, ainsi que ses deux frères et beaucoup de ses partisans saxons.

Guillaume marcha ensuite sur Londres, où il fut sacré roi dans l'abbaye de Westminster, le 25 décembre 1066. La

△ **Arrivée du vaisseau ducal à Pevensey.** La flotte de Guillaume dut attendre pendant plus d'un mois que les vents deviennent favorables à la traversée. La bénédiction du vaisseau par le pape Alexandre II soulignait que l'expédition d'Angleterre était une sorte de croisade contre un prince parjure. Musée de Bayeux. *Phot. Giraudon.*

△ **La bataille de Hastings.** Le début des combats fut défavorable aux Normands et à leurs alliés. Ayant installé leur camp sur une hauteur, les hommes de Harold purent en effet repousser les cavaliers de Guillaume et les précipiter dans un fossé marécageux. Ceux-ci durent alors se replier ; pour attirer les Anglo-Saxons dans la plaine, ils simulèrent la fuite. Cette ruse leur assura la victoire. Musée de Bayeux. *Phot. Giraudon.*

14, 987-1108 LES PREMIERS CAPÉTIENS.

◁ **Affranchissement de deux serfs.** Les croisades profitèrent aux serfs. En effet, les seigneurs, pour s'équiper en vue de cette aventure longue et coûteuse, eurent de grands besoins d'argent ; ils permirent donc aux serfs d'acheter leur affranchissement et d'obtenir ainsi la condition des vilains libres. Plus tard, Saint Louis puis Louis X affranchirent collectivement et définitivement tous les serfs du domaine royal. Mais, dans quelques régions du royaume, notamment dans le Centre et dans l'Est, il y eut des serfs jusqu'à la fin du XVIIIe siècle. Miniature du XIIIe siècle. B. N.
Phot. B. N.

Charge de cavalerie. Si l'on en croit le témoignage irremplaçable de la broderie de Bayeux, l'équipement et l'armement des combattants à la bataille de Hastings étaient les mêmes pour les deux camps : haches, arcs ou épieux pour les fantassins ; épées ou lances pour les cavaliers. Et, des deux côtés, mêmes casques à nasal et mêmes écus en forme d'amande. Ceux-ci ne sont pas encore ornés de véritables armoiries, mais de simples figures décoratives : croix, sautoirs, dragons, semés de points. Musée de Bayeux.
▽ *Phot. Giraudon.*

résistance des Anglo-Saxons se poursuivit encore quelques années dans le nord du pays, mais elle finit par être réprimée. Désormais surnommé « le Conquérant », Guillaume réorganisa le royaume qu'il venait de soumettre. Il s'adjugea la meilleure part des domaines de Harold et de ses partisans, la plupart des villes, toutes les forêts du pays, ainsi que plus de 1 500 châteaux. Aucun souverain d'Europe ne possédait alors une telle richesse. Avec le reste, Guillaume constitua des fiefs qu'il partagea entre ses fidèles et ses soldats, en ayant soin de les limiter et de les morceler. Leur emplacement, leur étendue et leurs revenus furent consignés dans un immense registre, le fameux *Domesday Book* (« Livre du Jugement dernier »), sorte de cadastre géant qui permit au nouveau roi et à ses successeurs de fixer avec précision les taxes et les contingents militaires qu'il pouvait exiger de ses vassaux.

Premier propriétaire du pays, exerçant sur ses féodaux une autorité effective — ce qui n'était le cas d'aucun autre souverain —, le duc de Normandie était ainsi devenu le roi le plus riche et le plus puissant d'Occident. Mais il n'en restait pas moins vassal du roi de France, auquel il devait prêter hommage pour ses possessions continentales. Cette situation délicate entraîna rapidement des tensions entre la jeune dynastie capétienne et les ducs de Normandie, dont les prétentions à l'indépendance, sur le continent comme en Angleterre, allaient croissant. De là naquit un très long conflit entre les deux royaumes, qui dura près de deux siècles.

La victoire de Hastings fut également importante à deux autres titres. D'abord parce que, pour la première fois, la chevalerie féodale triompha de l'infanterie traditionnelle (ainsi que le montre la broderie de Bayeux). En Occident, une telle victoire des cavaliers sur les fantassins ne s'était pas vue depuis les invasions barbares du Ve siècle. Ensuite parce qu'elle entraîna l'établissement de liens beaucoup plus étroits entre l'Angleterre et le continent, et, par là même, pour toute l'Europe occidentale, le début d'une histoire nouvelle. Désormais l'histoire des royaumes d'Angleterre et de France fut étroitement mêlée.

La prise de Jérusalem. Un autre événement allait également constituer pour l'Occident le point de départ d'une aventure nouvelle : la première croisade et la prise de Jérusalem. En Orient, en effet, l'arrivée des Turcs, peuple venu d'Asie centrale, avait, au début du XIe siècle, bouleversé l'équilibre précaire qui s'était instauré depuis trois siècles entre l'Empire byzantin et les khalifats arabes. En 1078, les Turcs s'emparèrent pour la seconde fois de Jérusalem et persécutèrent les pèlerins chrétiens, que les musulmans avaient jusque-là tolérés. L'émotion fut d'autant plus grande en Occident que ce pèlerinage en Terre sainte, c'est-à-dire sur la terre même où avait vécu le Christ, était celui auquel les Occidentaux attachaient le plus d'importance. L'idée d'une guerre pour aller délivrer Jérusalem se répandit dans tous les États de la chrétienté. En 1095, le pape Urbain II, un Français, réunit un concile,

dans son pays natal, Clermont en Auvergne. Citant les paroles du Christ « Prends ta croix et suis-moi », il demanda aux chevaliers de partir libérer les Lieux saints.

Les préparatifs de l'expédition militaire furent longs et difficiles. Finalement, quatre armées féodales, où les Français étaient les plus nombreux, gagnèrent Constantinople par des routes différentes. Là, elles

◁ **Le concile de Clermont.** Ce fut à l'automne de 1095 que le pape Urbain II vint en France, à Clermont, en Auvergne, présider un concile travaillant à la réforme de l'Église. Dans son sermon de clôture, le 27 novembre, il adjura les chrétiens d'Occident de cesser leurs luttes fratricides et de s'unir pour aller en Orient combattre les païens. Ce fut le premier appel solennel à la croisade. Il reçut un écho considérable. Miniature du milieu du xve siècle attribuée à Jean Fouquet. B. N.
Phot. B. N.

Pèlerins partant pour la Terre sainte. ▷ Bien avant la première croisade et la conquête de la Palestine par les Occidentaux, les pèlerinages vers les Lieux saints étaient nombreux et fréquents. Ils s'amplifièrent au début du XIIe siècle et jetèrent sur les routes d'Europe et d'Orient des groupes de pèlerins appartenant à toutes les classes de la société. On partait pour accomplir un vœu, pour demander une guérison, pour obtenir le pardon d'une faute, parfois sur injonction d'un tribunal ecclésiastique. Miniature du XIVe siècle, bibliothèque municipale de Lyon.
Phot. Snark International-Edimedia.

Consécration du maître-autel de l'église abbatiale de Cluny, ▽ par le pape Urbain II lors de son voyage en France à l'automne de 1095. Commencée en 1088, mais achevée seulement au XIIIe siècle, cette église fut longtemps la plus grande de la chrétienté après Saint-Pierre de Rome. Elle fut en grande partie détruite au XVIIIe siècle. Miniature de la fin du XIIe siècle. B. N.
Phot. B. N.

ne reçurent pas des Byzantins l'assistance espérée. Débarquées en Asie Mineure, elles perdirent beaucoup de temps et de force dans l'épuisante traversée du désert d'Anatolie et lors de l'interminable siège d'Antioche. En juin 1099, les croisés arrivèrent enfin sous les murs de Jérusalem que les Égyptiens Fātimides avaient repris en juillet 1098. Et ce fut le vendredi 15 juillet 1099, à trois heures de l'après-midi, jour et heure de la mort du Christ, qu'ils donnèrent l'assaut et pénétrèrent de haute lutte dans la ville. Exaspérés par la résistance acharnée de la garnison fātimide, ils se livrèrent sur les habitants à un effroyable carnage.

La prise de Jérusalem fut suivie par toute la conquête de la Syrie et de la Palestine et par la création de quatre principautés chrétiennes en Terre sainte : les États latins du Levant.

△ **Prise de Tarse par les croisés.** En 1099, Baudouin de Boulogne, frère de Godefroi de Bouillon, réussit à prendre la ville de saint Paul aux musulmans, après un siège long et difficile. L'année suivante, il devint le premier souverain du royaume franc de Jérusalem. Miniature d'un manuscrit daté de 1337. B. N.
Phot. Giraudon.

◁ **Croisés naviguant vers l'Orient.** Les armoiries, que l'on voit décorer ici les écus et les bannières, apparurent en Occident dans la première moitié du XIIe siècle. Elles n'ont pas été importées d'Orient, mais les croisades, qui réunissaient beaucoup de chevaliers venant de toutes les régions d'Europe, ont contribué à la diffusion de leur emploi et à leur codification en un système rigoureux : l'héraldique. Miniature d'un manuscrit daté de 1337. B. N.
Phot. Giraudon.

Page suivante :
Saint Luc rédigeant son évangile. Dans les images médiévales (et même bien après la Renaissance), les évangélistes étaient identifiés par l'attribut emblématique qui les accompagnait : l'aigle pour Jean, l'ange pour Matthieu, le lion pour Marc et le bœuf pour Luc. Miniature de la fin du Xe siècle, bibliothèque d'Amiens.
Phot. Lauros-Giraudon.

1108-1137 L'affermissement de la monarchie capétienne

Les premiers rois capétiens, tout en consolidant la dynastie nouvelle, n'avaient exercé qu'un pouvoir très restreint. Ce n'est qu'avec le fils du faible Philippe Ier, Louis VI, que la royauté commença vraiment de faire figure et de tenir son rang. D'une activité étonnante malgré l'obésité qui lui valut auprès des contemporains comme de la postérité le surnom de « le Gros », guerrier intrépide, homme loyal, roi bien conseillé — notamment par l'un de ses camarades d'enfance , l'abbé de Saint-Denis Suger —, assuré par là même de l'appui de l'Église, Louis VI réussit à la fois à remettre de l'ordre sur les terres du domaine royal et à relever, dans une bonne partie du royaume, le prestige monarchique et l'autorité du souverain. Son règne, apparemment discret, fut en fait un grand règne.

Il fut également marqué par l'essor de l'économie, des activités d'échange, des milieux urbains et du mouvement communal. Tombées en décadence à la suite des grandes invasions, les villes de France ne reprirent en effet de l'importance qu'au lendemain de l'an mille, et plus particulièrement à la fin du XIe siècle et au début du XIIe. Leurs habitants cherchèrent alors à s'affranchir du système féodal, système entièrement construit sur la société rurale et au sein duquel il n'y avait guère de place pour les entités urbaines, et à obtenir du seigneur, soit par achat (cas le plus fréquent), soit par force, des chartes d'affranchissement leur reconnaissant un statut particulier, une administration en partie autonome, des charges limitées et spécifiques. Ce « mouvement communal », comme l'ont appelé de bonne heure les historiens, se développa parfois dans la violence et fut souvent encouragé par le roi au détriment de ses vassaux, laïques ou ecclésiastiques.

L'affermissement de la dynastie capétienne fut enfin favorisé par une certaine renaissance intellectuelle, laquelle allait du reste de pair avec l'essor démographique et économique. À l'intérieur du domaine et sur son pourtour, les écoles de Paris, d'Orléans et de Chartres sont, un siècle avant l'apparition des universités, parmi les plus renommées d'Europe occidentale. De ce prestige la monarchie a aussi bénéficié, même si le roi était totalement étranger à la vie intellectuelle du royaume.

△ **Tympan du portail méridional de l'église Saint-Pierre de Moissac.** Les tympans furent les lieux d'expression privilégiés de la grande sculpture romane. Bien que soumis aux contraintes de l'architecture, ils déroulaient aux yeux des fidèles de vastes programmes iconographiques autour du thème du Christ en majesté. Ce furent eux qui firent « parler » les églises de pierre.
Phot. Arcis-Rapho.

LORSQUE LOUIS VI, roi associé à la couronne depuis quatre ans, succéda à son père en 1108, la tâche qui l'attendait pour tenter de rétablir le prestige monarchique et d'imposer le pouvoir de la dynastie capétienne était considérable. La monarchie française était alors sans aucune influence dans l'Europe chrétienne, où toutes les grandes entreprises — notamment la croisade — s'étaient faites sans elle. Elle n'était pas non plus respectée à l'intérieur du royaume, où les grands feudataires affectaient de ne pas reconnaître son autorité. Enfin, elle était à peine maîtresse du domaine royal, le petit « duché de France », sis entre Paris et Orléans, où châtelains et seigneurs, vassaux directs du roi, semaient un trouble permanent par leurs brigandages incessants, leurs guerres larvées et les dévastations de toutes sortes qui en résultaient. L'habileté de Louis VI fut de commencer... par le commencement et, avec l'appui de l'Église, de remettre d'abord de l'ordre dans le domaine, puis dans le royaume.

Le roi. À son avènement, Louis VI était déjà dans la force de l'âge. Nous ne connaissons pas avec certitude l'année de sa naissance (cas fréquent pour tous les souverains jusqu'en plein XIIIe siècle), mais il est probable qu'il était alors âgé d'environ trente ans et qu'il exerçait auprès de son père Philippe Ier une régence de fait depuis sept ou huit ans déjà. Outre son obésité, sa taille de géant, son appétit exceptionnel, ce qui a frappé les contemporains fut son activité débordante, spécialement à la chasse et à la guerre. Un chroniqueur rapporte que son entourage l'appelait familièrement « Louis qui ne dort ». Énergique et pieux (il fut très aimé de l'Église), courageux, loyal, débonnaire, Louis avait un esprit méthodique et patient. Sans être vraiment un grand politique, comme son voisin le roi d'Angleterre Henri Ier, il croyait obstinément dans sa mission royale de protection et de justice

La France de Louis VI le Gros

◁ **Le sacre de Louis VI.** Au cours de la cérémonie du sacre, le roi recevait les insignes de sa nouvelle fonction : la couronne, le sceptre, l'épée, les éperons, l'anneau et un ensemble de vêtements (chemise, tunique, manteau et bottines). Louis VI fut sacré à Orléans le 3 août 1108 par l'archevêque de Sens. Miniature du XVe siècle. Bibliothèque de Toulouse.
Phot. Jean Dieuzaide.

L'onction du roi. La cérémonie du sacre faisait du roi de France l'oint du seigneur, c'est-à-dire un élu de Dieu, protégé par un sacrement spécial et à qui personne ne pouvait désormais oser disputer la succession au trône. Cette onction se faisait au moyen d'une huile miraculeuse, conservée à l'abbaye Saint-Remi de Reims ; elle était appliquée avec une aiguille sur le front du roi (comme ici), sur sa poitrine, à la pliure de ses bras et entre ses omoplates. Miniature du milieu du XIIIe siècle. B. N. ▷
Phot. B. N.

envers ses sujets. Pour l'accomplir, il sut, tout au long de son règne, s'appuyer sur l'Église et sur des hommes de confiance, et notamment sur une personnalité hors du commun : son ami, conseiller et biographe Suger.

L'appui de l'Église. Comme les Carolingiens, les premiers rois capétiens avaient réussi à acquérir l'appui de l'Église, dont la puissance morale et politique était partout considérable. De son côté, l'Église avait besoin d'une royauté forte pour être protégée contre les violences des seigneurs et des grands féodaux et pour être secondée dans la grande œuvre de pacification qu'elle avait entreprise au début du XIe siècle. Aussi ne marchanda-t-elle pas son concours à Louis VI, comme elle l'avait

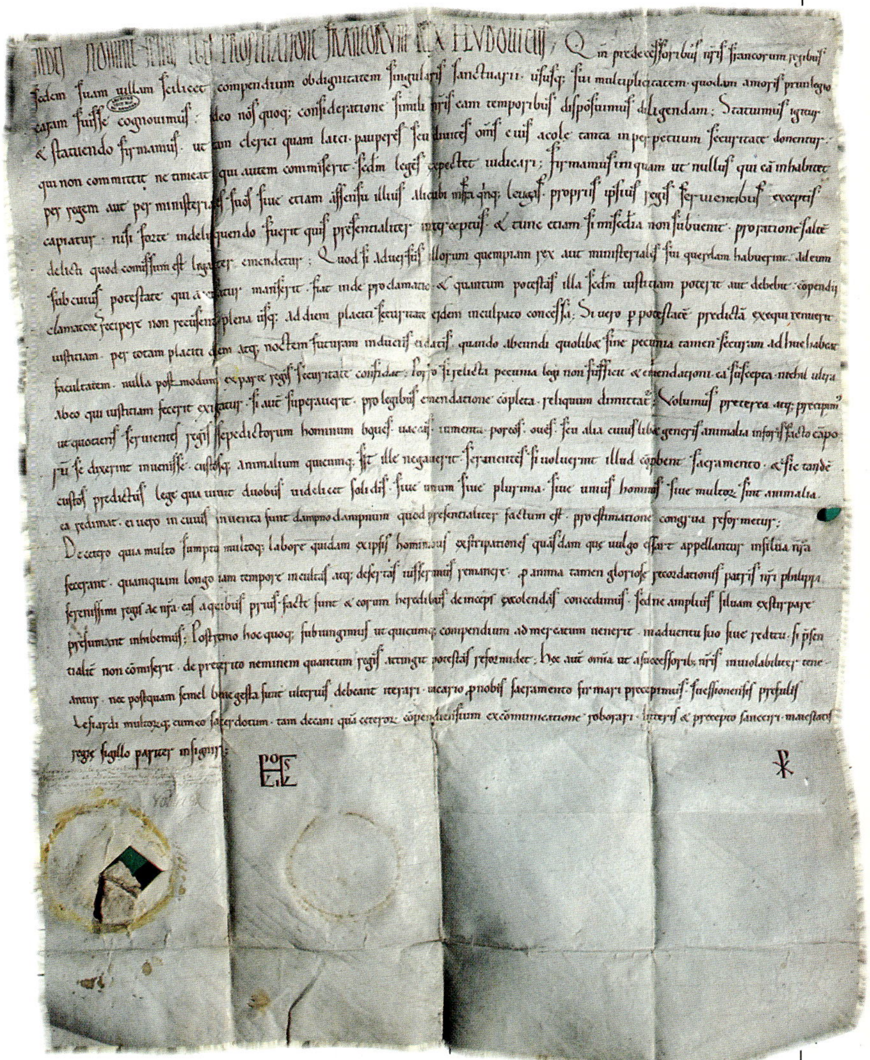

Diplôme de Louis VI. Par cette charte du début du XIIe siècle, Louis VI accordait un certain nombre de privilèges aux habitants de Compiègne. S'il n'a pas vraiment été le « père » du mouvement communal, comme l'ont affirmé les historiens de l'époque romantique, Louis VI concéda néanmoins d'importantes libertés et franchises aux villes du domaine et soutint parfois les autres dans leurs luttes contre les seigneurs. Archives nationales.
Phot. Bulloz.

Denier royal, frappé à Étampes vers 1120. Louis VI fut le premier souverain capétien à imposer la circulation de sa monnaie non seulement à l'intérieur du domaine royal, mais aussi au dehors, dans quelques grands fiefs de la France du Nord.
Phot. Sousse Dhana.

Jugement et emprisonnement d'un coupable. Le roi s'engageait lors de son sacre à faire régner la justice dans le royaume. Cette fonction de justicier suprême, toute théorique au début, se révéla au fil des décennies être l'un des grands instruments de la monarchie capétienne pour étendre son autorité. Miniature du XIe siècle. Staatsbibliothek, Munich.
Phot. Snark International-Edimedia.

Supplice de saint Savin et de saint Cyprien. Dans les églises du centre et de l'ouest du royaume, l'art roman fit un large appel à la fresque pour raconter la passion du Christ et le martyre des saints locaux. Selon la Tradition, Cyprien et son frère Savin survécurent miraculeusement au supplice de la roue, subi en Italie, et franchirent les Alpes pour venir évangéliser les populations du Poitou. Fresques de l'église de Saint-Savin-sur-Gartempe, début du XIIe siècle.
Phot. Explorer Archives.

parfois fait avec ses prédécesseurs. C'est elle qui ainsi aida la monarchie capétienne à transformer les rois électifs en souverains héréditaires grâce à la cérémonie du sacre. Pendant deux siècles, les rois firent donc sacrer leur fils aîné de leur vivant, ce qui faisait du jeune prince un élu de Dieu, « l'oint du Seigneur », auquel personne n'osait disputer la succession royale. D'abord célébré à Orléans, le sacre se déplaça définitivement à Reims au XIIe siècle, dans la basilique où Clovis avait autrefois reçu le baptême.

Inversement, l'action du roi s'exerçait non seulement sur les évêchés de son

domaine, mais aussi sur la plupart de ceux du royaume. Chaque fois que l'un de ces évêchés était vacant, le souverain remplissait sur le territoire épiscopal son droit de *régale ;* c'est-à-dire que, jusqu'à l'élection d'un nouvel évêque, il administrait le domaine de cet évêque, en percevait les revenus, y levait les impôts et y rendait la justice. Toutes ces terres ecclésiastiques se trouvaient donc, au moins une fois par règne, sous la domination directe du roi, pendant une période plus ou moins longue ; et souvent le roi, qui évidemment y trouvait son intérêt, prolongeait la vacance du siège. Lorsque enfin on procédait à l'élection d'un nouvel évêque, ce n'était qu'avec l'autorisation du roi qui, bien souvent, présentait et imposait un candidat.

Toutefois, par cette politique épiscopale, le roi n'agissait vraiment que dans la France du Nord et du Centre. Par sa politique monastique, en revanche, il agissait sur toutes les parties du royaume. Le clergé monastique était, en effet, depuis toujours favorable aux idées d'unité, de centralisation et d'autorité, qui, à cette époque, ne pouvaient se traduire et se réaliser politiquement que par le progrès du pouvoir royal. Aussi Louis VI et ses successeurs enveloppèrent-ils d'une protection intéressée presque tous les monastères du royaume, les défendant contre les violences des seigneurs et contre les prétentions des évêques. Par là même, ils

Moine scribe de l'abbaye de Saint-Denis. ▷ Ce fut Suger, abbé de Saint-Denis, qui fonda l'histoire officielle du royaume, en faisant commencer dans son abbaye la rédaction d'une chronique en latin, racontant l'histoire de France depuis les temps immémoriaux. Cette chronique fut poursuivie jusqu'au début du règne de Philippe le Bel ; puis elle fut remplacée par une chronique en français (appelée *Grandes Chroniques de France*), elle-même continuée jusqu'à la fin du XVe siècle. Miniature datée des environs de 1375. B. N.
Phot. B. N.

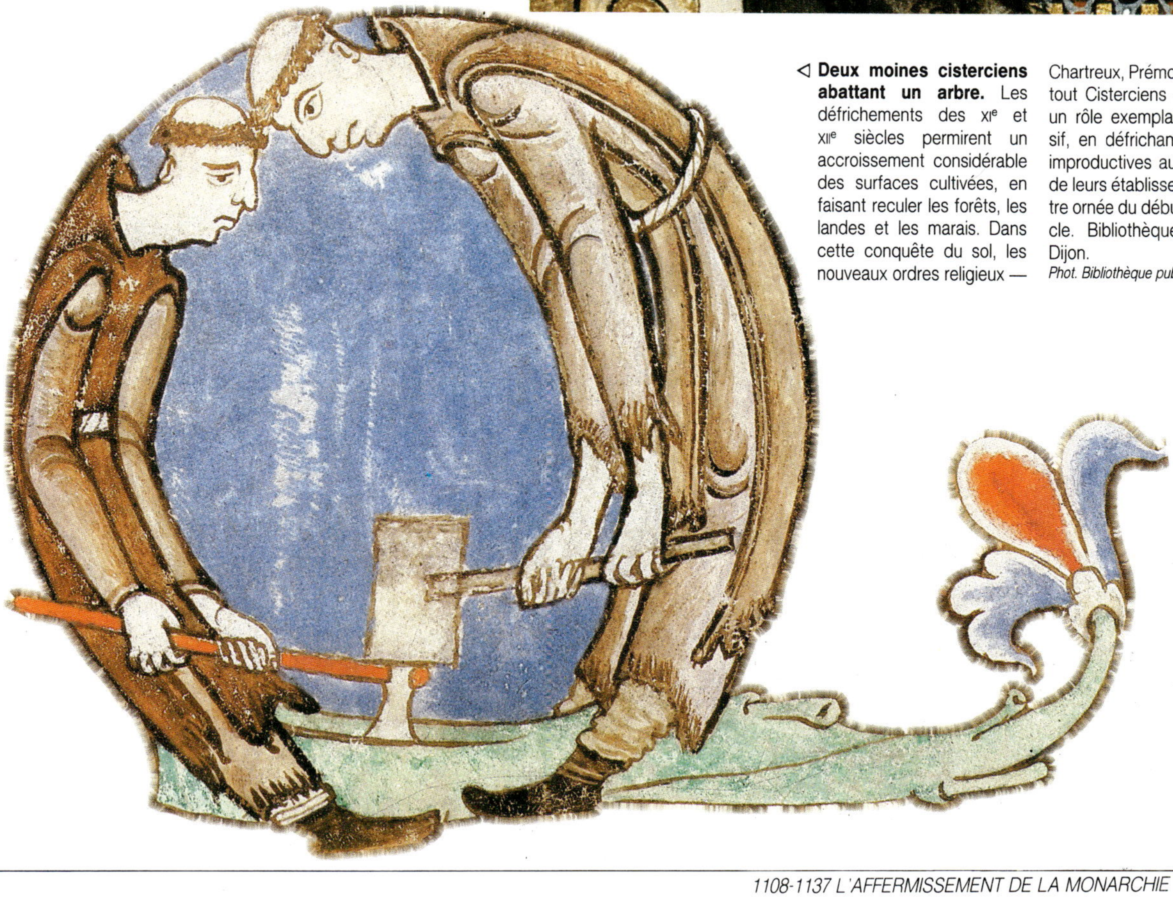

◁ **Fondation d'un monastère.** Le clergé régulier comprenait dans tout le royaume plusieurs centaines de milliers de religieux et de religieuses, habitant des monastères et obéissant à des règles de vie édictées par le fondateur de l'ordre dont ils portaient l'habit (ici l'habit bénédictin). Chaque monastère était placé sous les ordres d'un abbé (ici à droite, reconnaissable à sa crosse), élu par les moines pour sa vie durant. Miniature du XIIIe siècle.
Phot. Giraudon.

◁ **Deux moines cisterciens abattant un arbre.** Les défrichements des XIe et XIIe siècles permirent un accroissement considérable des surfaces cultivées, en faisant reculer les forêts, les landes et les marais. Dans cette conquête du sol, les nouveaux ordres religieux — Chartreux, Prémontrés et surtout Cisterciens — jouèrent un rôle exemplaire et décisif, en défrichant les terres improductives aux alentours de leurs établissements. Lettre ornée du début du XIIe siècle. Bibliothèque publique, Dijon.
Phot. Bibliothèque publique, Dijon.

avaient des postes avancés dans les provinces les plus lointaines. Et, en retour, les moines, qui étaient en communication directe et quotidienne avec les populations rurales, contribuaient beaucoup à vulgariser la tradition monarchique et à préparer, sur le terrain et dans les esprits, l'extension future de la domination du souverain au détriment des pouvoirs locaux.

Suger. On sait peu de chose de l'enfance de Suger, l'ami et le principal conseiller de Louis VI. Il naquit comme celui-ci vers 1081, dans une famille très pauvre. Suivant une coutume fréquente, son père l'offrit comme oblat à l'abbaye de Saint-Denis, alors qu'il était âgé de dix ans. Voué dès lors à la vie religieuse et élevé dans les écoles du grand monastère, ce fils de serf y eut pour compagnon d'études un fils de roi, le futur Louis VI. L'amitié qui s'établit alors entre eux devait avoir pour tous les deux, et pour le royaume, les conséquences les plus favorables.

Dès que le jeune prince commença de gouverner, le jeune moine fut mêlé à la vie politique. Ce fut d'abord dans la lutte contre les seigneurs du domaine. Ce fut ensuite dans plusieurs missions diplomatiques auprès de la papauté. Suger encouragea ainsi Louis VI à appuyer le pape Calixte II dans sa lutte contre l'empereur germanique. Alors qu'il se trouvait en Italie — dans une pauvre auberge de l'Apennin, ajoute la légende —, Suger reçut la nouvelle de son élévation à la tête de la puissante abbaye de Saint-Denis (1122). Plus qu'un établissement monastique, celle-ci était alors une véritable puissance eccle-

△ **Suger, abbé de Saint-Denis.** Il fut lui-même l'architecte de la reconstruction de son église abbatiale, dont il dressa les plans et conçut la décoration. Il a d'ailleurs laissé le récit des travaux et la description du trésor de l'église. Celle-ci reste l'un des plus anciens témoignages du premier art gothique en France. Vitrail de Saint-Denis, milieu du XIIe siècle.
Phot. Lauros-Giraudon.

Entrevue entre Louis VI et le pape Calixte II (représentés ici en vêtements du XIVe siècle). ▷ Dans sa lutte contre les grands féodaux, la jeune monarchie capétienne reçut à différentes reprises l'appui décisif de la papauté, qui, de son côté, avait besoin d'une royauté forte afin d'être aidée dans son œuvre de pacification de la chrétienté. Sous Louis VI et Louis VII, elle ne marchanda jamais son concours au pouvoir capétien en pleine expansion. Miniature du XIVe siècle. B. N.
Phot. B. N.

Entrée de Louis VII à Paris après la mort de son père. ▷ Conduit par Suger, le prince Louis était parti à Bordeaux épouser Aliénor, fille et unique héritière du duc Guillaume X d'Aquitaine, dont les immenses territoires s'étendaient entre la Loire et l'Adour. Ce mariage semblait être une heureuse fortune pour la monarchie capétienne, mais Louis VI mourut avant le retour de son fils à Paris. Miniature du XVe siècle. Bibliothèque Sainte-Geneviève, Paris.
Phot. Bibliothèque Sainte-Geneviève.

siastique, dotée d'innombrables domaines, massés près de Paris ou dispersés dans toute la France du Nord.

À partir des années 1125-1126, Suger devint le principal personnage politique du pays. Non seulement il représentait le roi auprès des souverains étrangers, et spécialement auprès du pape et de l'empereur, mais il l'accompagnait dans ses expéditions militaires. C'est également lui qui prenait les grandes décisions. Après la mort, en 1131, du fils aîné du roi, Philippe, renversé de cheval par un cochon vagabondant dans une rue de Paris, Suger poussa Louis VI à faire sacrer rapidement

◁ **Triomphe de Louis VI.** De bonne heure, dès le XVe siècle, l'historiographie et l'iconographie ont fait de Louis VI un roi victorieux et prestigieux (dans cette miniature de la fin du XVe siècle, il est ainsi figuré dans toute sa majesté : vêtements d'or et cheval blanc). La réalité fut plus modeste : si Louis VI parvint, après bien des difficultés, à se faire respecter dans une zone restreinte, le domaine royal, il n'obtint guère de succès dans ses luttes contre les feudataires et ne joua pour ainsi dire aucun rôle dans les grandes affaires européennes de son temps.
Phot. Roger-Viollet.

son fils cadet, le futur Louis VII, jusque-là destiné à l'Église et dont il avait assuré l'éducation : la continuité de la dynastie capétienne était ainsi maintenue. C'est lui encore qui, en 1137, arrangea le célèbre et décisif mariage entre le jeune prince et la fille du duc d'Aquitaine, Aliénor. Le mariage eut lieu à Bordeaux. Louis VI, malade, ne put s'y rendre. Et, lorsque Suger revint, le roi était mort. L'abbé de Saint-Denis fit aussitôt sacrer le jeune Louis VII ; et, pendant encore quatorze longues années, il continua de diriger fermement les affaires du royaume et celles de son abbaye de Saint-Denis.

La guerre aux châteaux : l'ordre sur le domaine royal. Malgré sa faible étendue, dans le domaine royal s'intercalaient de petites seigneuries féodales dont les seigneurs, vassaux directs du roi, vivaient de brigandages et de pilleries. Louis VI employa la plus grande partie de son règne à mettre à la raison ces voisins agités. Il avait, du reste, commencé du vivant de son père, dès 1101, à la requête du clergé, en châtiant Bouchard de Montmorency, qui ravageait les terres de l'abbaye de Saint-Denis. Devenu roi, c'est vers le sud du domaine que Louis fit porter son effort afin de dégager les communications entre Orléans, Étampes et Paris, et de lutter contre deux bandits véritables : le sire de Montlhéry (son propre demi-frère) et le sire Hugues du Puiset. Contre eux, la guerre, faite surtout d'embuscades et de coups de main, devait recommencer chaque année. Ce qui, au fond, satisfaisait le tempérament guerrier du roi et lui permettait d'apparaître comme le protecteur des paysans et des clercs contre les tyrans locaux. Le seigneur de Montlhéry fut capturé le premier ; ses biens furent confisqués et il dut prendre l'habit de moine. Contre Hugues du Puiset, la guerre fut longue et difficile. Son château, assiégé trois fois entre 1111 et 1118, finit par tomber aux mains du roi, qui le fit raser en 1118 « comme un lieu — nous dit Suger — voué à la malédiction divine ». Hugues dut promettre d'accomplir le pèlerinage en Terre sainte, où il partit et mourut.

Louis VI se retourna ensuite contre une puissante famille possessionnée entre Laon et Amiens : les Coucy. Le père, Enguerrand de Coucy, périt dans son château après un siège difficile. Le fils, Thomas de Marle, fut mis au ban du royaume, excommunié et finalement tué au combat en 1130. Ce furent là quelques-uns des épisodes de la guerre que Louis VI conduisit sans relâche contre les seigneurs du domaine. Tous se ressemblaient : partout, le roi conduisait la chevauchée après avoir prononcé une sentence ; partout, il apparaissait comme un justicier qui payait de sa personne ; partout, et pour le plus grand bénéfice de la monarchie, le clergé le soutenait et le peuple des campagnes et des villes s'armait et marchait à sa suite.

Le roi et les grands feudataires. Les interventions du roi hors du domaine furent plus rares et plus difficiles. La plupart des grands feudataires du royaume — les ducs de Normandie, de Bretagne, de Bourgogne ; les comtes d'Anjou, de Champagne, de Toulouse — continuaient de se considérer comme pratiquement indépendants sur leurs terres. Louis VI fit surtout porter son action sur le pourtour du domaine (mais il échoua dans ses luttes contre le duc de Normandie et contre le comte de Champagne) et vers le centre du royaume (ce qui était une nouveauté). En 1122, il s'en alla ainsi dans la lointaine et mystérieuse Auvergne secourir l'évêque de Clermont contre le comte d'Auvergne Guillaume VI, qui s'était emparé de l'église Notre-Dame du Port. Le comte capitula devant l'armée royale. Mais il reprit les armes en 1126, et, cette fois, l'affaire fut

◁ **Un roi partant chasser.** La chasse était pour les rois beaucoup plus qu'un divertissement. C'était une activité rituelle, indissociable de la fonction royale. Vitrail de la cathédrale d'Auxerre.
Phot. Marc Garanger.

△ **Enceinte d'un château féodal.** À partir du XIe siècle, on commença à remplacer les châteaux forts de bois par des châteaux de pierre. Certains atteignirent des dimensions considérables et furent entourés d'une immense courtine, renforcée de place en place par de grosses tours, d'abord carrées puis circulaires. Ruines de l'enceinte extérieure du château de Coucy.
Phot. Lauros-Giraudon-Vaucher.

plus sérieuse. L'évêque implora de nouveau l'appui de Louis VI, qui accourut et assiégea le comte dans son château de Montferrand. Selon les usages de la guerre féodale, le comte se mit sous la protection de son seigneur direct, le duc d'Aquitaine, Guillaume IX. Toutefois, lorsque ce dernier se trouva en présence de l'armée du roi, il n'osa pas l'attaquer. Le conflit fut alors arbitré par une assemblée de barons et de prélats que Suger réunit à Orléans.

De la même manière, Louis VI tenta, mais avec moins de succès, d'exercer son autorité au nord, sur la Flandre et ses villes turbulentes. En 1127, les habitants de Bruges ayant assassiné leur comte Charles le Bon, Louis vint dans le comté et en investit Guillaume Cliton, petit-fils de Guillaume le Conquérant. Cette décision entraîna une révolte générale de la Flandre. Guillaume fut tué en 1128 et Louis dut renoncer à se mêler des délicates affaires flamandes.

La France et ses voisins. Cette intervention en Flandre appartenait déjà à ce que l'on pourrait appeler la politique extérieure des Capétiens. Elle n'était en fait qu'un épisode de la lutte que Louis VI avait engagée depuis plusieurs année contre le roi d'Angleterre. De tous les vassaux de la Couronne, en effet, le plus redoutable était le duc de Normandie, car il était aussi roi d'Angleterre : Henri Ier Beauclerc (1100-1135). Le conflit entre les deux souverains

Entrée de Louis VI à Rouen. Le Vexin et la Basse-Normandie furent l'objet d'une longue rivalité entre Louis VI et le roi d'Angleterre Henri Ier. Louis soutint le neveu de ce dernier, Guillaume Cliton, et réclama en son nom le duché de Normandie. Mais le roi de France ne parvint jamais à ses fins et, contrairement au témoignage de cette miniature, il ne fit jamais d'entrée victorieuse dans la bonne ville de Rouen, capitale du duché de Normandie. Miniature de la fin du XVe siècle. *Phot. Jean Vigne.*

Meurtre du comte de Flandre Charles le Bon. Enrichies par le développement de l'industrie drapière, les villes de Flandre se révoltèrent contre l'autorité comtale. Il en résulta une guerre civile dans toute la Flandre, et le comte fut assassiné, le 22 mars 1127, dans l'église cathédrale de Bruges. Louis VI essaya alors en vain d'imposer son candidat à la tête du comté. Miniature du XIVe siècle. B. N. *Phot. B. N.*

fut à peu près continuel. Le duché de Normandie, notamment, était en permanence au cœur de leurs luttes. Henri se l'était attribué aux dépens de son frère, Robert Courteheuse, qu'il retint prisonnier pendant près de trente ans après l'avoir vaincu à Tinchebray en 1106. Louis VI soutint, en vain, les prétentions du jeune fils de Robert, Guillaume Cliton. La bataille décisive eut lieu à Brémule, près des Andelys, en 1119. Louis fut vaincu et, après arbitrage du pape Calixte II, la Normandie resta entre les mains d'Henri.

L'année suivante, le roi d'Angleterre allait perdre ses deux fils, dont Guillaume

Aetheling, et l'une de ses filles dans le naufrage de la *Blanche-Nef,* au large de Caen. Cet événement, qui eut un retentissement dans toute la chrétienté, semblait devoir favoriser le roi capétien. Il n'en fut rien. Henri Ier Beauclerc avait en effet marié sa dernière fille, Mathilde, à l'empereur germanique Henri V. Celui-ci, tant pour aider son beau-père que pour se venger de l'appui que le roi de France apportait constamment au pape, conçut le projet d'envahir le royaume de France. En 1124, une forte armée se préparait ainsi à occuper par surprise la ville de Reims. Mais Louis VI réussit à réunir des forces considérables. La plupart des grands feudataires, les seigneurs du domaine, les milices des villes, les troupes de l'Église, tout le monde avait, pour la première fois dans l'histoire du pays, répondu à l'appel du roi. L'empereur dut reculer devant ce qui a été parfois considéré comme la première manifestation du « sentiment national ». Expression un peu exagérée, mais qui souligne les progrès de la monarchie capétienne en quelques décennies. Le roi et ses vassaux avaient désormais conscience d'appartenir au même pays.

L'essor des villes et le mouvement communal. À l'époque des invasions normandes et pendant les troubles qui suivirent, la plupart des villes du royaume s'étaient resserrées sur elles-mêmes afin d'avoir une superficie moins grande à défendre. Et, pour mieux en assurer la garde, les autorités, le plus souvent comtales, édifièrent un château formé d'une tour et parfois d'une grande salle accolée simplement à l'enceinte gallo-romaine. Au XIe siècle, le retour d'une certaine sécurité, l'essor de l'agriculture et du commerce, la transformation de certains marchés en véritables foires (ainsi les foires de Champagne ou celle du lendit à Saint-Denis) et le développement de l'industrie textile favorisèrent, dans toute la France septentrionale, la multiplication des bourgs, parfois urbains, ainsi que la renaissance des villes. Leur population s'accrut, des quartiers furent construits au dehors des remparts, la cité acquit une autre physionomie. Avec

◁ **La moisson.** Aux XIe et XIIe siècles, l'outillage et les techniques agricoles se perfectionnèrent grandement : le fer, notamment, remplaça le bois dans certaines parties de bon nombre d'outils. Le travail devint plus rapide et plus efficace. Sur cette miniature du XIVe siècle, on peut voir qu'au Moyen Âge le fauchage du blé n'était pas une activité réservée aux hommes. Bibliothèque municipale, Rouen.
Phot. Lauros-Giraudon.

△ **Paysan labourant.** Parmi les transformations des outils et des instruments qui favorisèrent la révolution agricole, la plus décisive fut certainement le remplacement de l'araire primitive en bois par la charrue à roues et à soc métallique, permettant de labourer enfin profondément les lourds sols gras des pays de plaine. Miniature du XIVe siècle. Bibliotheque municipale, Rouen.
Phot. Lauros-Giraudon.

elle vint la richesse, du moins pour une classe sociale nouvelle : les marchands, regroupés en associations (guildes, hanses) et dont la puissance grandissante se trouvait gênée par les vieilles contraintes du système seigneurial, qui avaient été mises en place bien avant le renouveau urbain.

Jusqu'alors, en effet, les habitants des villes avaient vécu à l'égard de leur seigneur — comte, évêque, abbaye — dans la même dépendance que les paysans. Désormais, sous l'impulsion des marchands et des artisans, ils cherchèrent à jouir d'une autonomie plus grande, à s'administrer eux-mêmes en totalité ou en

partie, et surtout à obtenir une *charte,* c'est-à-dire un acte écrit fixant de manière définitive les droits et devoirs de chacun ; ainsi ne seraient-ils plus soumis au seul bon plaisir dudit seigneur. Souvent, pour obtenir cette charte, les habitants de la ville se coalisaient et se juraient une entraide mutuelle ; ils formaient ainsi une association appelée « commune jurée ». D'où le nom de mouvement communal souvent donné par les historiens à cet effort de libération des villes aux XIe et XIIe siècles.

La plupart des chartes de commune furent achetées par les habitants à leur seigneur, après des négociations plus ou moins difficiles. Mais, parfois, il fallut recourir à la violence et arracher la charte par la force. Ainsi au Mans, la plus ancienne *commune* de France, dès 1069. Ainsi, surtout, à Laon, au début du règne de Louis VI.

La commune de Laon. L'histoire du soulèvement de la ville de Laon constitue comme le type complet de la révolution communale. En 1109, l'évêque Gaudry, seigneur de la ville, personnage cupide et fort peu religieux, vendit aux habitants une charte de commune semblable à celle de Noyon, octroyée quelque temps auparavant. Mais, une fois l'argent dépensé, Gaudry ne tarda pas à regretter ses anciens droits sur la ville et recommença à vouloir les exercer. La colère des habitants fut soudaine et violente. Ils se rendirent au palais de l'évêque sous la conduite d'une brute à demi sauvage, un certain Thiégaud. On découvrit Gaudry caché dans un tonneau. Il fut massacré ainsi qu'un grand nombre de ses chevaliers et partisans. Le roi décida alors de venger son évêque. Il prononça une sentence contre les habitants et se mit en campagne pour l'exécuter. Épouvantée, la population de Laon se plaça sous la protection d'un bandit féodal, le fameux Thomas de Marle, terreur de la région. Celui-ci protégea les bourgeois les plus compromis, mais profita de ce que la ville lui était ouverte pour la piller. Le roi arriva ensuite, s'empara de Thomas et de la plupart des communiers. Tous furent mis à mort et la ville fut de nouveau pillée. Ce n'est qu'en 1128 qu'elle obtint, sans violence, que le roi imposât au successeur de Gaudry la restauration de fait de la commune.

Le nouveau statut des villes. Le recours à la violence pour obtenir la charte communale ne fut cependant pas la règle générale. Certains seigneurs l'accordèrent de leur propre gré ; d'autres, afin d'enrichir leur fief en attirant des immigrants, fondèrent des *villes neuves* ou des *villes franches* (à cause de l'exemption des redevances pendant un certain nombre d'années), souvent à vocation urbaine et dotées de chartes très libérales. Leur nom en a d'ailleurs conservé le souvenir jusqu'à nos jours.

Il y eut donc un grand nombre de chartes, avec des différences sensibles quant aux privilèges accordés aux habitants. En gros, on distingua deux catégories de villes : les villes de bourgeoisie et les communes proprement dites. Dans les premières, de loin les plus nombreuses, le seigneur conservait une très grande autorité et assurait l'administration par l'intermédiaire de ses agents ; mais il devait accepter la réduction et la fixité des redevances dues par les bourgeois. Tel fut le régime accordé par Louis VI à Lorris en Gâtinais, dont la charte fut imitée dans la

△ **Le plus ancien sceau de la ville de Paris (début du XIIIe siècle).** Avant d'être la capitale du royaume, Paris fut d'abord et avant tout un très actif port fluvial, géré par la puissante hanse des marchands de l'eau. C'est l'emblème de ces marchands, une nef, que la ville choisit de faire figurer sur son premier sceau, puis, un peu plus tard, dans ses armoiries. Cette nef se trouve encore représentée dans les armes de la capitale et sur la plupart de ses symboles administratifs. Archives nationales.
Phot. Lauros-Giraudon-Ségalat.

◁ **Bénédiction de la foire du lendit, à Saint-Denis.** Entre l'Europe du Nord et celle du Midi, les routes conduisaient à des lieux de foire, où s'opéraient les principales transactions commerciales de l'Occident. Les foires de Champagne (Lagny, Provins, Troyes, Bar-sur-Aube) duraient toute l'année. Celle du lendit, près de Paris, fut d'abord une fête religieuse avant d'être ouverte à tous les commerces. Miniature du XIVe siècle. B. N.
Phot. B. N.

▷ **Marchands drapiers.** Tout au long du Moyen Âge, la fabrication des « draps » (c'est-à-dire des étoffes) fut la première des activités industrielles. L'industrie textile était le moteur de l'économie occidentale et les marchands de draps comptaient parmi les plus riches habitants des villes. Miniature du début du XIIe siècle. Bibliothèque de Dijon.
Phot. Snark International-Edimedia.

plus grande partie du domaine royal. Tel fut aussi généralement le régime des villes neuves.

Les agglomérations plus riches et plus peuplées, telles les cités flamandes enrichies par la fabrication et le commerce des draps, obtinrent, en outre, le droit de s'administrer elles-mêmes, sous le contrôle, presque illusoire, du seigneur. Elles formèrent de véritables petites républiques, et c'est à elles que l'on réserva par la suite le nom de « communes », appliqué à l'origine, nous l'avons vu, aux seules villes dont les bourgeois s'étaient liés au préalable par une *conjuration,* souvent suivie d'une *sédition.* Ceux-ci y élisaient une municipalité, assemblée de conseillers à la tête de laquelle se trouvait le maire. Les communes devenaient même parfois de véritables seigneurs féodaux, frappaient monnaie, possédaient un sceau, achetaient des terres qu'elles concédaient à des vassaux. Mais elles ne pénétrèrent pas dans le Midi toulousain, languedocien et provençal où un mouvement urbain original se développa au XIIe siècle : celui des villes à consulat, dotées d'une magistrature collégiale dont le plus ancien exemple connu est celui d'Avignon, un peu antérieur à 1130.

◁ **Un cours à l'école épiscopale de Paris au XIIe siècle.** Le renouveau urbain s'accompagna d'une ample renaissance intellectuelle. Centres d'accueil, d'élaboration et de diffusion des idées tout autant que des marchandises, les villes redevinrent, comme dans l'Antiquité, les plaques tournantes de la vie de l'esprit. Les écoles épiscopales, installées au cœur des cités, concurrencèrent les écoles monastiques et attirèrent des étudiants de plus en plus nombreux. Beaucoup d'entre eux allaient de ville en ville, d'école en école, de maître en maître, curieux de toutes les nouveautés de la pensée. Miniature du XIVe siècle. B. N.
Phot. B. N.

L'essor de la vie intellectuelle. La renaissance intellectuelle à l'époque carolingienne avait été éphémère, mais, dès le début du XIe siècle, l'Église s'était attachée à réveiller dans tout le royaume la vie culturelle par l'enseignement. Celui-ci connut un grand essor pendant tout le règne de Louis VI. En dehors des écoles paroissiales, plus nombreuses qu'on ne l'a cru pendant longtemps et qui donnaient une instruction élémentaire, il existait divers établissements distribuant un enseignement plus complet. Ceux-ci étaient atta-

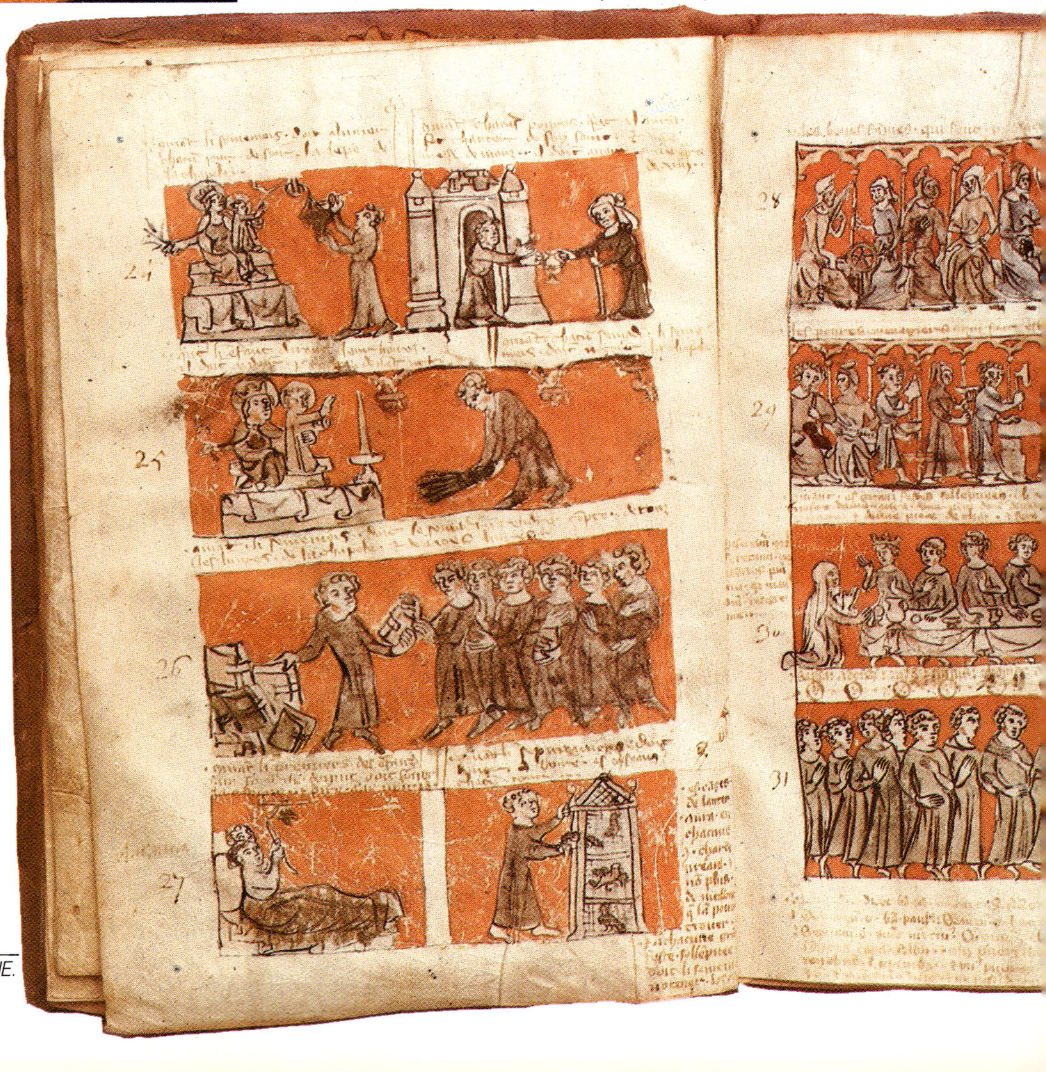

Scènes de la vie étudiante au collège de l'Ave Maria à Paris. ▷ Bien que fondé au XIVe siècle, ce collège, qui se trouverait aujourd'hui dans l'enceinte du lycée Louis-le-Grand, prévoyait pour les étudiants qu'il hébergeait des activités semblables à celles qu'ils devaient déjà accomplir dans les établissements du XIIe siècle : réveiller la maison, nettoyer la basse-cour, gérer la bibliothèque, s'occuper de l'intendance, etc. Miniature du XIVe siècle.
Phot. Giraudon.

chés soit à une abbaye (écoles monastiques) soit à l'église cathédrale d'un diocèse (écoles épiscopales). Un dignitaire ecclésiastique dépendant de l'évêque, l'écolâtre, y avait la haute main sur les questions d'éducation et accordait aux maîtres la permission (licence) d'enseigner.

Dans ces écoles, on apprenait à la fois les lettres (grammaire, rhétorique et logique), c'est-à-dire le langage et les formes de la pensée, et les sciences (arithmétique, géométrie, astronomie et ... musique). Les premières constituaient le *trivium ;* les secondes, le *quadrivium.* Toutes étaient censées conduire vers l'étude de la théologie. Tout enseignement, en effet, était fondamentalement théologique. Il était également oral et fondé sur une méthode d'argumentation dialectique mise au point au début du XIIe siècle par le plus célèbre maître parisien : Pierre Abélard. Sur toute question, il fallait accumuler les preuves, pour et contre ; on en déduisait des raisonnements, on argumentait. C'était la scolastique, qui triompha au siècle suivant dans les universités.

Tout au long du XIIe siècle, les écoles monastiques et, surtout, épiscopales se multiplièrent. Un mouvement général portait de nouveau les esprits vers l'étude des écrivains et des philosophes de l'Antiquité. Progressivement, certains maîtres se mirent, pour répondre à l'empressement général, à ouvrir eux-mêmes de nouvelles écoles. L'Église n'y voyait guère d'inconvénient, à condition qu'ils se placent sous le contrôle d'un écolâtre. En raison de la réputation de leurs professeurs, quelques villes devinrent des centres d'enseignement très réputés. Ainsi Paris et Toulouse. Tout était prêt pour la création des universités. Celle-ci se fera au début du siècle suivant.

Héloïse et Abélard. La légende a pris beaucoup de libertés avec la biographie véritable du couple trop fameux. Si Héloïse fut dans l'histoire de la pensée un personnage parfaitement insignifiant, Abélard, en revanche, fut un esprit novateur et l'un des plus grands logiciens occidentaux. Sa querelle avec saint Bernard fut celle de la nouveauté des écoles urbaines et de la vieille tradition monastique. Miniature du XIVe siècle. Musée Condé, Chantilly. ▷
Phot. Giraudon.

Page suivante :
Saint Michel terrassant le dragon. L'archange fut un des « saints » les plus populaires dans l'iconographie et la sensibilité médiévales. Sa fête, le 29 septembre, était une des plus joyeuses de l'année. Dans l'imagerie, saint Michel, contrairement à saint Georges, combat toujours le dragon à pied. Lettre ornée du début du XIIe siècle. Bibliothèque de Dijon. ▷
Phot. Lauros-Giraudon.

Sanctissimi Ecclesiæ Doctoris Gregorii Papæ
ad Leandrum Episcopum Hispalensem Epistola
in expositionem libri Job.
EVE
RENTIS
SIMO
ETSCTISSIMO
FRI LEANDRO
COEPO:
GREGORI
SERVVS
SERVORV DI;

1137-1180 La monarchie féodale sous Louis VII

Pendant près de trente ans, Louis VI s'était courageusement battu contre les brigands et les seigneurs pillards d'Île-de-France, du Laonnois, de l'Orléanais et même de l'Auvergne : il brûla ou rasa leurs donjons ; il dégagea les évêchés et les abbayes ; il rendit aux paysans un peu de sécurité ; surtout, il rétablit les communications entre Paris et la Loire et consolida le domaine royal par des confiscations ou par des achats. Il ne put guère faire davantage. L'héritage de son père et de son grand-père était vraiment trop faible, et lui-même manquait de grandes ambitions. Il n'avait pas vu la France en train de changer, les campagnes se transformer, les activités d'échange se développer. Il ne comprit guère l'importance du mouvement démographique, économique et social qui se produisit pendant son règne. Ainsi, à l'égard du mouvement communal, il suivit souvent une politique de profits immédiats et ne sut pas vraiment profiter du dynamisme que l'essor des villes et les libertés urbaines apportaient aux transformations de la société féodale. Il restait lui-même un roi féodal, ne sortant que rarement de son domaine, absorbé par sa lutte contre les hobereaux voisins. Les grands feudataires ne venaient pour ainsi dire jamais à la cour du roi ni aux rares assemblées que celui-ci convoquait. Seuls les prélats s'y rendaient, l'Église et la monarchie faisant sur bien des points cause commune.

Toutefois, le règne de Louis VI préparait l'avenir. La dynastie capétienne était solide, même si son rôle à l'échelle de l'Europe était limité. Juste avant sa mort, Louis VI obtint même un succès diplomatique — le mariage du prince Louis, héritier du trône, avec l'héritière du duché d'Aquitaine, Aliénor — qui paraissait donner à sa maison des ambitions nouvelles. En outre, la France s'enrichissait ; l'agriculture se transformait, la population augmentait, le commerce et l'industrie se développaient. La France jouissait au sein de la chrétienté d'un prestige certain, grâce à quelques hommes d'Église hors du commun (saint Bernard notamment) et à une véritable renaissance intellectuelle. Tout était prêt pour un grand règne.

Il n'en fut rien. Si le XIIe siècle français fut un grand siècle, le règne de Louis VII fut, sur les plans politique et diplomatique, un règne terne, souvent maladroit, parfois funeste. Seule l'expansion économique et démographique du royaume — et de l'Europe occidentale dans son ensemble — évita de conduire le pays à la catastrophe.

◁ **Scène de mariage.** Les rois Capétiens, depuis Robert le Pieux jusqu'aux fils de Philippe le Bel, connurent de nombreux déboires matrimoniaux. Ceux de Louis VII comptèrent parmi les plus désastreux. Son mariage avec Aliénor d'Aquitaine, qui, en 1137, apparaissait comme un grand succès politique pour la dynastie, se révéla dix ans plus tard être une faillite totale. Non pas tant en raison de la conduite « scandaleuse » de la reine, comme on l'a trop souvent écrit, qu'en raison de la mésentente entre les deux époux, du divorce de mars 1152 et du remariage d'Aliénor, deux mois plus tard, avec Henri Plantagenêt. Miniature de la fin du XIIIe siècle. Laon, bibliothèque municipale.

Phot. Lauros-Giraudon.

LOUIS VI ÉTAIT DÉJÀ TRÈS MALADE LORSQUE SON FILS, accompagné de Suger, partit pour Bordeaux épouser Aliénor, fille du dernier duc d'Aquitaine, Guillaume X. Les chroniqueurs nous racontent que « la graisse qui surchargeait son corps et le forçait à se tenir presque debout dans son lit » lui causait d'intolérables souffrances. Il mourut à l'âge de 56 ans, tandis que son fils et une partie de la cour revenaient de Bordeaux. En trente années de règne, Louis VI avait fait faire à la monarchie capétienne et au royaume de France des progrès importants. Cet héritage ne tomba malheureusement pas entre des mains aptes à le faire fructifier.

Le roi et les débuts du règne. Le nouveau roi, Louis le Jeune, était âgé de 18 ans. « Prince assez intelligent, dit un contemporain, mais dévot et mou », il subissait aveuglément l'influence des gens d'Église. Certes, il montrait sur les champs de bataille un certain courage (bien qu'il n'aimât pas la guerre), mais, à la piété qu'avait développée en lui son éducation au cloître, il ne joignait pas l'esprit de suite ni la fermeté. Il fut ainsi plus un moine et un lettré qu'un véritable roi, comme l'avait été son père. De fait, n'étant que le fils cadet, il avait d'abord été destiné à l'état ecclésiastique ; et c'est seulement en 1131, à la

Un long règne malheureux

△ **Louis VII et Aliénor demandent au Seigneur de leur donner un fils.** En quinze ans de mariage, le couple ne parvint à avoir que deux filles. Remariée avec Henri II, Aliénor mit au monde huit enfants, dont cinq garçons, en douze ans. Louis VII, de son côté, dut attendre ses troisièmes noces pour que lui naisse enfin un fils : Philippe Auguste. Miniature du XIVe siècle. B. N.
Phot. B. N.

Scènes de la vie courtoise. ▷ C'est pendant le règne de Louis VII que se développa dans la France du Nord ce que l'on a appelé la « civilisation courtoise ». Si elle nous est bien connue par les œuvres littéraires, rares sont en revanche les documents figurés qui, au XIIe siècle, la mettent en scène. D'où l'intérêt de ce coffret recouvert de parchemin peint, réalisé vers 1180 et aujourd'hui conservé dans le trésor de la cathédrale de Vannes.
Phot. Guillemot - « Connaissance des arts ».

mort de son frère aîné Philippe, causée par une chute de cheval, qu'il avait été sacré à Reims et était devenu à son tour l'héritier du trône.

Son mariage avec Aliénor d'Aquitaine faisait pourtant de lui un souverain riche et puissant. Elle lui apportait en effet en dot l'équivalent territorial de dix-neuf de nos départements actuels, sis entre la Loire, la côte atlantique et les Pyrénées. Elle l'enrichissait également d'un certain nombre de droits sur plusieurs grands fiefs de la France méridionale, et notamment sur le comté de Toulouse. Le comte se considérait dans ses terres comme un prince indépendant, voire comme une sorte de roi du Midi. Il refusa de faire hommage au nouveau souverain et celui-ci entreprit de le châtier. Le siège fut mis devant Toulouse, en 1141. Mais ce fut un échec, les forces royales étant trop faibles, la plupart des grands feudataires ayant refusé leur concours.

Une autre affaire malheureuse marqua tragiquement le début du règne : la guerre contre le comte Thibaud de Champagne, en 1142. Une partie du comté fut ravagée par les troupes de Louis VII, qui, en personne, prit d'assaut la ville de Vitry-en-Perthois et y fit mettre le feu en 1143. Plus de mille personnes qui s'étaient réfugiées dans l'église périrent au milieu des flammes. L'événement eut un grand retentissement dans toute la chrétienté, et le roi fut pris de remords effroyables. Démesuré dans le repentir comme il l'avait été dans la faute, il ne songea plus désormais qu'à se croiser pour expier son crime. Ce qu'il fit, trois ans plus tard.

Diplôme du roi Louis VII, △ daté de 1138, par lequel il confirme plusieurs donations faites à la riche abbaye de Saint-Victor. La charte est scellée du grand sceau royal de cire rouge, où l'on voit le souverain assis en majesté et revêtu des insignes de sa fonction.

Phot. Ségalat.

Le gouvernement de Suger. Le début du règne de Louis VII marqua donc un temps d'arrêt dans les progrès de la monarchie capétienne. Suger, l'ami et le principal conseiller de Louis VI, continuait cependant de diriger la plupart des affaires du royaume, mais il s'opposait vivement à ce projet de croisade. En outre, à ses tâches politiques, Suger avait joint d'autres entreprises. Ce fut en effet vers 1132 qu'il commença la réédification de son église abbatiale de Saint-Denis. Construite sous Dagobert et sans cesse agrandie depuis cette époque, elle menaçait ruine. Suger traça pour le nouvel édifice un plan magnifique et le réalisa presque entièrement. Les travaux furent conduits avec une grande rapidité grâce au zèle pieux des populations voisines de l'abbaye et aux immenses richesses de l'ordre. Le portail, les tours, les flèches — qui subsistent encore en partie — furent achevés en trois ans. On y prodigua les ornements sculptés, les pierres rares, les métaux précieux. Le style gothique, qui naissait alors en Île-de-France, reçut grâce aux réalisations de Suger une impulsion définitive.

Au milieu des splendeurs de la nouvelle église, Suger se réserva, au dire de ses biographes, la cellule la plus pauvre et la plus nue. Il n'avait pas toujours donné l'exemple d'une telle austérité monacale, mais avait au contraire bien souvent recherché la pompe et le faste, et encouru par là même les reproches de saint Bernard. Il revint donc peu à peu à plus de sévérité et commença la réforme de son abbaye par celle de sa propre vie.

Son activité infatigable donna naissance à un autre monument : son œuvre d'historien. La *Vie du roi Louis* (VI) est une apologie du roi défunt, son ami ; mais c'est aussi une histoire politique écrite par un véritable homme d'État. On attribue aussi à Suger la première idée des *Grandes Chroniques de Saint-Denis,* qui devinrent plus tard les *Grandes Chroniques de France,* c'est-à-dire l'histoire officielle de la monarchie et du royaume. Suger fit réunir et abréger en un seul corps plusieurs anciennes chroniques relatives à l'histoire des Francs. À la suite de cette compilation devait prendre place l'histoire de chaque règne, écrite par un moine de Saint-Denis sous la dictée de l'abbé. La vie de Louis VI le Gros fut la première de ces histoires.

Le prestige de saint Bernard. La prédication de la croisade vint contrarier les desseins de Suger. Elle l'opposa en outre à un autre homme d'Église, dont l'influence sur le roi allait grandissant : Bernard, abbé de Clairvaux. Les deux prélats avaient en fait des personnalités très différentes. Saint Bernard, né en 1090, était un peu plus jeune que Suger. Il était de naissance noble, fils d'un châtelain de Bourgogne, et, contrairement à Suger, il ne fut pas offert à la vie monastique, mais s'y donna lui-même, dès sa jeunesse, par

◁ **Cloître de l'abbaye de Sénanque.** Le XIIe siècle fut le siècle des grands cloîtres romans. Celui de l'abbaye de Sénanque, située près de Gordes, dans le Vaucluse, fut édifié à la fin du siècle. Il constitue l'exemple parfait du cloître cistercien, orné de chapiteaux à végétaux et palmettes, et jouxtant une église au dépouillement absolu.
Phot. Marc Garanger.

◁ **Sculptures du portail royal de Chartres.** Le triple portail occidental, ou portail royal, est roman. Il appartenait à la première cathédrale, érigée à partir du XIe siècle, mais qui disparut dans un immense incendie en 1194. Le portail royal fut seul épargné. Ses statues-colonnes allongées et hiératiques représentent un moment capital de la sculpture à la fin de la période romane.
Phot. Marc Garanger.

Statue-colonne du portail royal de Chartres (vers 1160), constituant un moment de transition entre la sculpture romane finissante et la première sculpture gothique, qui commençait de s'affranchir du cadre architectural. △
Phot. Marc Garanger.

◁ **Saint Bernard et ses moines à Clairvaux.** La fin du XIe siècle et le début du XIIe furent marqués par une éclosion monastique exceptionnelle. L'œuvre de saint Bernard, qui fonda Clairvaux en 1115, ne fut nullement isolée : dès 1084, par exemple, saint Bruno avait fondé l'ordre des Chartreux et le monastère de la Grande-Chartreuse dans le diocèse de Grenoble. Ce qui distingua cependant saint Bernard des autres prélats réformateurs fut l'autorité sans égale que lui conférèrent dans toute la chrétienté sa vie ascétique et son rayonnement spirituel. Miniature du XVe siècle. Musée Condé, Chantilly.
Phot. Lauros-Giraudon.

L'abbaye de Clairvaux au XIXe siècle. Après un début discret, l'abbaye, fille de Cîteaux, connut un essor prodigieux sous l'impulsion de son illustre abbé. Les bâtiments claustraux abritaient 300 moines et 400 convers, au milieu du XIIe siècle. L'abbaye déclina progressivement à la fin du Moyen Âge et à l'époque moderne, au point de ne plus compter que 27 religieux en 1790. L'église, absente sur cette lithographie, fut détruite en 1819. B. N.
Phot. Lauros-Giraudon. ▽

un entraînement irrésistible qui se communiqua à ses proches : deux de ses frères, plusieurs de ses parents et de ses amis le suivirent à l'abbaye de Cîteaux en 1112. Bientôt, trouvant la vie à Cîteaux trop douce, il conduisit une colonie de son ordre dans une pauvre et âpre région de la Champagne méridionale et y fonda en 1115 l'abbaye de Clairvaux. Il y vécut de longues années dans la contemplation et l'extase ainsi que dans le travail intellectuel. Il devint ainsi l'un des premiers théologiens de son siècle. Les esprits les plus éclairés venaient lui soumettre leurs doutes et acceptaient sa doctrine. Les plus humbles lui attribuaient le don des miracles. « La vue seule de cet homme, écrit un contemporain, suffisait pour les ravir et les entraîner ; mais son éloquence était en outre irrésistible : il parlait comme une loi de feu. »

Ascète, théologien, orateur, Bernard ne songeait guère à gouverner son siècle. Mais ce qui le jeta dans la mêlée séculière et politique, ce fut sa volonté de réformer les mœurs monastiques, de rétablir la pureté de la foi et de défendre l'unité chrétienne. On le vit d'abord censurer, avec l'autorité que lui donnait la sainteté de sa vie, le luxe des moines de Cluny, la vie mondaine de l'abbé de Saint-Denis et de la petite cour royale, l'ignorance de beaucoup d'évêques. Partout il se faisait le champion d'une rigoureuse discipline. Aussi lui demanda-t-on, au concile de Troyes, en 1128, de rédiger la règle des moines chevaliers de l'ordre du Temple, qui venait d'être fondé. Il s'y refusa, mais traça en quelques formules le tableau saisissant des vertus qu'il rêvait pour ces soldats du Christ « armés de foi au-dedans, de fer au-dehors ».

Les circonstances allaient faire de lui, et malgré lui, pendant vingt ans, un véritable guide du monde chrétien. Dans la querelle qui suivit la mort du pape Honorius II, en 1130, entre les partisans d'Anaclet et ceux d'Innocent (II), il prit parti pour ce dernier et rallia à sa cause toute l'Église de France, le roi et l'empereur. Il était alors le maître de la chrétienté, mais il refusa, jusqu'à sa mort, toute dignité ecclésias-

Un croisé partant pour la ▷ Terre sainte. Les grandes expéditions militaires auxquelles nous donnons le nom de « croisades » ont toujours été des événements exceptionnels. En revanche, entre chacune d'elles, innombrables furent les hommes et les femmes de toutes conditions qui prirent la croix et partirent en petits groupes vers les Lieux saints. Détail d'une fresque ornant la chapelle des Templiers, à Cressac (Charente).
Phot. R. Lanaud - Explorer Archives.

tique. Ainsi, en 1145, les cardinaux, ne pouvant le convaincre de monter sur le trône de saint Pierre, élirent à sa place l'un de ses moines, l'humble Eugène III.

Saint Bernard mourut dix ans plus tard, alors qu'il s'inquiétait des progrès d'une nouvelle hérésie dans le Midi. Il avait voulu aller la combattre en 1145 dans son foyer, autour de Toulouse et d'Albi. Mais là, pour la première fois, sa parole n'avait pas été écoutée. Dans une petite ville, à Verfeil, il y eut contre lui une véritable émeute : en s'éloignant, il proféra une menace à l'encontre de ce peuple révolté contre l'autorité de Rome : « Verfeil, que Dieu te dessèche ! » Menace qu'exécuta un demi-siècle plus tard la croisade contre les albigeois.

La deuxième croisade. De nombreuses rivalités intérieures avaient affaibli le royaume de Jérusalem et permis à l'islām de se ressaisir progressivement après ses défaites lors de la première croisade. Profitant du règne d'un enfant, Baudoin III, un Turc seldjoukide fanatique et ambitieux, 'Imād al-Dīn Zangi, sortit des montagnes d'Iran et s'attaqua aux possessions franques. Il prit ainsi Mossoul en 1127, Alep en 1128, enfin Édesse en 1144, où le massacre général des chrétiens fut finalement arrêté sur son ordre. L'Occident fut saisi d'émotion et de remords. La promesse d'aider le royaume de Jérusalem n'avait pas été tenue. Le roi de France décida qu'elle le serait par lui. Sur les conseils de saint Bernard, d'abord hésitant, le pape Eugène III décréta par une bulle du 1er décembre 1145, qu'une nouvelle croisade serait prêchée. À l'assemblée de Vézelay, en 1146, Louis VII, toujours poursuivi par le souvenir de l'incendie de Vitry, prit la croix, ainsi que la reine Aliénor, plusieurs barons du royaume et une foule de seigneurs. L'idée de cette nouvelle croisade rencontrait toutefois plus d'opposition qu'en 1095. Suger notamment s'opposa longtemps au départ du roi, qu'il jugeait contraire aux intérêts du royaume. Mais ce fut saint Bernard qui l'emporta. Le gouvernement fut confié à l'abbé de Saint-Denis, et Louis VII se mit en route afin de rejoindre à Constantinople l'empereur Conrad III, qui venait de se croiser lui aussi et partait avec une foule considérable.

L'expédition fut un échec total. À cela différentes raisons. Tout d'abord, les rivalités et les discordes entre deux corps expéditionnaires et leurs différents chefs ;

◁**Louis VII prenant la croix à Vézelay (1146).** Un demi-siècle plus tôt, en 1095, lorsque le pape Urbain II était venu à Clermont prêcher la première croisade, le roi de France Philippe Ier se trouvait sous le coup d'une excommunication et n'avait pas pu participer à l'expédition. Louis VII voulut réparer cette absence de son grand-père à la grande aventure de la chrétienté et, conseillé par saint Bernard, il prit la croix en 1146. Miniature du XVe siècle. B. N.
Phot. B. N.

Entrée de Louis VII et de l'empereur Conrad III à Constantinople. Partie la première, l'armée allemande fut trahie par les Byzantins et attaquée par surprise par les hordes turques en Phrygie. L'empereur fut heureux de pouvoir rejoindre l'énorme cohue conduite par le roi de France et d'entrer à ses côtés dans Constantinople. Miniature du XVe siècle. B. N. ▽
Phot. B. N.

△ **Arrivée des croisés sous les murs d'Antioche (1148).** Malgré l'accueil du comte Raymond de Poitiers, oncle de la reine Aliénor, le séjour d'Antioche fut funeste aux croisés. Ce fut là qu'éclatèrent de graves dissensions entre ceux-ci et les Francs installés en Terre sainte, dissensions qui finirent par faire échouer la croisade. Miniature de la fin du xve siècle. B. N.
Phot. B. N.

◁ **Vaisseaux transportant des croisés.** Même si les navires hésitaient à s'éloigner des côtes, on circulait relativement vite sur la Méditerranée, au xiie siècle. Selon que les vents étaient favorables ou non, il fallait de vingt à cinquante jours pour aller de Venise en Palestine. La voie de mer était beaucoup plus rapide que la voie de terre. Miniature de la fin du xve siècle. B. N.
Phot. B. N.

ensuite, la perfidie des Byzantins, qui nuirent plus aux chrétiens d'Occident qu'ils ne les aidèrent dans leur lutte contre l'islâm ; enfin, l'inexpérience de Louis VII, qui se montra en Orient encore plus faible et velléitaire qu'il ne l'était dans son royaume. Après un échec cuisant devant Damas, il se décida à rentrer en France, embarqua à Saint-Jean-d'Acre et arriva sur les côtes de Provence à l'été de 1149. Du moins devait-il retrouver son royaume en paix.

La répudiation et le remariage d'Aliénor. L'échec de la croisade avait fortement entamé le prestige du roi capétien. Heureusement, pendant l'absence de Louis VII, la monarchie, elle, n'avait rien perdu de sa force : elle avait trouvé en

Les croisés mettent le siège devant Damas (1148). Les discordes entre Allemands et Français firent échouer le siège de la ville, que les Turcs parvinrent à ravitailler. Conrad III décida le premier de regagner l'Occident. Louis VII le suivit quelques semaines plus tard. Miniature de la fin du xve siècle. B N.
Phot. B. N.

Combat d'archers en Terre sainte. Parmi les archers des deux camps, on peut distinguer des arbalétriers. Ce n'est pas là un anachronisme dû au peintre du xve siècle ; l'usage de l'arbalète était fort ancien, mais, en Occident, on la jugeait trop perfide, trop meurtrière et indigne d'un chrétien. Jusqu'au milieu du xiie siècle, son emploi fut réservé aux guerres contre les infidèles. Miniature de la fin du xve siècle. B. N.
Phot. B. N.

Suger un excellent régent qui avait administré le royaume avec la même rigueur que son domaine abbatial de Saint-Denis. Ce qui le préoccupait désormais, c'était la mésentente croissante entre le roi et la reine, mésentente qui s'était aggravée pendant la croisade. Non pas tant en raison de la conduite adultère d'Aliénor, comme on l'a écrit trop souvent, qu'en raison du caractère très dissemblable des deux époux et de la très forte personnalité de la reine. C'est Louis VII qui le premier, probablement sous l'influence de saint Bernard, songea à la séparation. Suger, qui estimait la dot de la reine plus que la reine elle-même, retarda tant qu'il vécut l'annulation du mariage. Mais il mourut au début de l'année 1151, au retour d'un pèlerinage à Saint-Martin de Tours. Louis VII commit alors la troisième faute grave de son règne (après l'incendie de Vitry et la croisade) : il répudia Aliénor. Le prétexte avancé était un cousinage au cinquième degré entre les époux, dont on ne s'était pas aperçu lors de leur union en 1137.

Loin d'être anecdotique, cette séparation eut des conséquences politiques considérables. Deux mois presque jour pour jour après avoir été répudiée, Aliénor, qui ne manquait pas de prétendants, épousait le jeune et ambitieux comte d'Anjou, Henri Plantagenêt, et lui apportait en dot le

△ **Sceau d'Henri II Plantagenêt.** Il s'agit de la face où le roi d'Angleterre est représenté en tant que duc de Normandie et d'Aquitaine et comte d'Anjou. Le bouclier est vu de l'intérieur, car sa face externe ne porte pas encore d'armoiries.
Phot. Lauros-Giraudon.

gouvernement de ses immenses possessions : l'Aquitaine proprement dite (c'est-à-dire l'ensemble territorial constitué par la Gascogne, de Bordeaux aux Pyrénées), le Poitou, l'Aunis, la Saintonge, l'Angoumois, le Périgord, la Marche et une grande partie de l'Auvergne. Malgré son jeune âge (il avait 19 ans et Aliénor 30), Henri devenait ainsi l'un des plus puissants princes d'Occident. Nul danger ne pouvait être plus redoutable pour la monarchie capétienne.

La puissance des Plantagenêts et les débuts de la guerre. La famille des comtes d'Anjou, ou *Plantagenêts* (ce surnom s'expliquerait par l'habitude qu'aurait eue le père d'Henri, Geoffroi, de piquer une branche de genêt à son couvre-chef), était l'une des principales maisons féodales de la France, maîtresse de l'Anjou et de la Touraine. Une série d'événements heureux venaient encore d'accroître sa puissance et allaient bientôt la porter à un degré exceptionnel. Geoffroi, père de Henri, marié à la fille unique du duc de Normandie et roi d'Angleterre Henri Ier Beauclerc (lui-même fils de Guillaume le Conquérant), avait obtenu en 1144, à force de batailler contre ses compétiteurs, la possession du duché de Normandie, qu'il transmit à son fils en 1151. Puis Henri Plantagenêt lui-même, un an après son mariage avec Aliénor, réussit à se faire reconnaître héritier de la couronne d'Angleterre : en 1154, il devint ainsi roi sous le nom de Henri II. Enfin, en fiançant plus tard l'un de ses fils (Geoffroi) à l'héritière du duché de Bretagne, il s'attribua l'administration de ce dernier pays, comme tuteur des jeunes princes.

Un immense empire était ainsi créé, allant de la frontière écossaise jusqu'aux Pyrénées. En France, il englobait près des trois quarts du royaume et la presque totalité des côtes occidentales. Et la situation était d'autant plus inquiétante qu'Henri II était un politique ambitieux qui ne se satisfaisait pas des résultats obtenus. Bien plus Français qu'Anglais, il rêvait de devenir le maître de la France entière et d'évincer la dynastie capétienne. Pour tenter d'y parvenir ne lui manquaient ni les moyens matériels ni la force et l'énergie physiques et morales.

La lutte inévitable, qui devait durer près d'un siècle, entre les deux monarchies commença donc dès le règne de Louis VII.

△ **Gisant d'Aliénor d'Aquitaine à Fontevrault.** L'église abbatiale de Fontevrault servit de sépulture aux premiers rois et princes de la dynastie Plantagenêt. Ils y développèrent un ambitieux programme funéraire, témoignant ainsi de l'importance qu'ils attachaient à leurs possessions continentales, et spécialement à leur fief d'origine : l'Anjou. Aliénor mourut en 1204, à l'âge de 82 ans, après avoir vu mourir huit de ses dix enfants. Pierre polychrome, début de XIIIe siècle. © by S. P. A. D. E. M., 1985. *Phot. J. Evers-Angers.*

Cependant, malgré la disproportion entre les deux États et leurs ressources, elle ne réalisa pas les espérances de Henri II. Louis VII en effet trouva des alliés inattendus. Il en trouva en Angleterre même, où la brutalité et le despotisme du nouveau roi suscitaient l'opposition du clergé, dirigée par l'archevêque de Canterbury, Thomas Becket. Il en trouva également en Aquitaine et dans le sud-ouest de la France, ainsi qu'en Bretagne, où les seigneurs obéissaient mal à leur nouveau maître. Il en trouva enfin dans la famille même de Henri II, où Aliénor et ses quatre fils n'hésitèrent pas à se rebeller contre un mari et contre un père qui, dans ses accès fréquents de colère furieuse, oubliait toute retenue : on vit même un moment Aliénor excédée chercher refuge sur les domaines de Louis VII ! En vain Henri II chercha-t-il à se débarrasser de ceux qui entravaient son action et ses ambitions : Thomas Becket fut assassiné en 1170 dans sa cathédrale, au pied de l'autel, par des proches du roi qui avaient entendu celui-ci souhaiter la disparition de l'archevêque. L'horreur soulevée par ce meurtre, qui fit de Becket un martyr et un saint, fut encore plus préjudiciable à la cause de Henri II. Finalement lorsque, sur la médiation du pape, la paix de Nonancourt fut conclue entre les deux souverains (1177), Louis VII put rétablir une situation longtemps compromise.

△ **Le meurtre de Thomas Becket (1170).** L'archevêque fut assassiné dans le chœur de sa cathédrale de Canterbury, par quatre courtisans d'Henri II. Cette mort fit de lui un martyr. Il fut canonisé dès 1173. Le meurtre dans la cathédrale donna lieu à une littérature et à une iconographie très abondantes jusqu'à l'époque moderne. Fresque du XVe siècle dans la cathédrale de Canterbury.
Phot. Office anglais du tourisme.

Les atouts des Capétiens. Si faible qu'il fût, notamment sur le plan militaire, le roi de France disposait d'un certain nombre d'atouts. Tout d'abord, il était le suzerain du roi d'Angleterre pour ses fiefs du continent. C'est peu de chose, semble-t-il, dans ce désordre du monde féodal, où le lien de vassalité est si facilement transgressé, où la force fait souvent bon mar-

Thomas Becket reçu par le pape Alexandre III. Ce fut en France que l'archevêque de Canterbury, déclaré proscrit, trouva refuge en 1164. Il bénéficia d'un appui favorable de la part de Louis VII, mais ne reçut guère de soutien du pape Alexandre III, alors au plus fort de sa lutte contre Frédéric Barberousse. Le pontife ordonna au prélat anglais de se retirer dans un monastère cistercien, à Pontigny, en Bourgogne. Miniature du XVe siècle. Musée Condé, Chantilly. ▷
Phot. Lauros-Giraudon.

Détail de la plaque funéraire de Geoffroi Plantagenêt. Geoffroi V le Bel, comte du Maine et d'Anjou, amorça l'essor de la dynastie angevine en épousant la fille du roi d'Angleterre Henri Ier, puis en s'emparant de la Normandie par la force. Son fils Henri lui succéda dans ses comtés et duché en 1151, puis devint roi d'Angleterre en 1154. Sa plaque funéraire émaillée, réalisée vers 1155-1160 nous montre ses armoiries, probablement les plus anciennes connues. ▷
Phot. Revault-Pix.

ché du droit. Mais il faut songer que Henri II était lui aussi suzerain d'un grand nombre de comtes et de seigneurs peu disposés à lui obéir. S'il violait le devoir féodal à l'égard de Louis VII, on le violerait également à son égard. L'Anjou, le Maine et la Normandie lui étaient assez dévoués ; mais l'Aquitaine n'attendait qu'un prétexte pour se révolter. Cette suzeraineté était donc pour Louis VII, si théorique qu'elle fût, une bonne arme défensive. Et Philippe Auguste s'en servit plus tard comme d'une arme offensive contre Jean sans Terre lorsqu'il cita ce prince devant son conseil et qu'il confisqua ses possessions dans le royaume.

Outre cette supériorité juridique, les rois capétiens vont garder pendant toute la durée du long conflit une sorte de supériorité morale. Ils ont pour eux ce que l'on pourrait appeler l'opinion publique. Certes, en un temps où les groupes véritablement politiques étaient encore isolés, où la circulation des idées était plus lente que celle des produits, où, surtout, les hommes avaient si peu d'occasions de manifester leurs sentiments nationaux, ou même régionaux, il est difficile de parler d'opinion publique internationale. Cependant, et c'était là un changement par rapport aux règnes précédents, des groupes se sont rapprochés, des courants d'idées se sont formés, certaines aversions ou sympathies diplomatiques sont apparues. L'opinion du Moyen Âge n'est pas celle d'aujourd'hui. Elle prend lentement et confusément conscience d'elle-même, puis s'attache avec force et pour longtemps à une cause ; elle subit en outre docilement une direction : celle du clergé. L'épiscopat et les ordres monastiques sont très puissants sur elle.

Or, le clergé était uni par des liens étroits à la monarchie capétienne. Le règne de Louis VI avait resserré les liens entre « le sacerdoce et la royauté », comme l'écrit Suger. Plusieurs rois de la dynastie ont eu des vertus de moines (c'est notamment le cas de Louis VII) ; tous eurent des allures ecclésiastiques. Ils allaient au combat avec les milices des paroisses et des monastères, sous l'oriflamme de saint Denis. Ils étaient également protégés de leurs compétiteurs par le sacre, et de leurs ennemis par les censures et les punitions ecclésiastiques. Rois-prêtres, ils apparaissaient comme les défenseurs de l'ordre, les dépositaires de la justice, les gardiens vigilants de tous les pactes et de toutes les traditions.

Les rois d'Angleterre de la famille des Plantagenêts, au contraire, représentaient la force, l'habileté, le succès, bref tout excepté le droit. Pour la majorité de leurs sujets, ils étaient des étrangers ; pour tous, des seigneurs violents et rapaces. Toujours à la chasse ou à la guerre, suivis de bandes de mercenaires et d'agitateurs (les cadets des petites familles nobles), ils ne respectaient guère leurs engagements, étaient sans pitié pour les classes inférieures, mettaient constamment la main sur les biens du clergé, bravaient les excommunications pontificales, exilaient ou faisaient assassiner les évêques. L'histoire de leur famille fut souvent une suite de drames sanglants. « C'est l'usage dans notre lignée, dit l'un deux, Richard Cœur de Lion, que les fils haïssent leur père ; du diable nous venons, au diable nous retournons. » Allusion à la généalogie des Plantagenêts, qui se rattachait d'un côté à Robert le Diable et de l'autre à Mélusine.

La fin du règne de Louis VII. Au plus fort de sa lutte contre l'archevêque de Canterbury, Thomas Becket, Henri II avait fait sacrer son fils aîné, Henri Court-Mantel. Mais le jeune prince réclama bientôt une

Un chevalier au milieu du XIIe siècle. Bien plus que l'épée, c'est la lance qui était, par excellence, l'arme du chevalier. C'était une arme d'hast. Sa longueur et son poids interdisaient de l'utiliser comme un javelot. Le bois de sa hampe était en frêne, en pommier ou en sapin.
Phot. Held/Artephot.

réelle participation au pouvoir, en tant que roi associé, et exigea l'investiture du duché de Normandie. En même temps, le second fils du roi, Richard, réclamait l'Aquitaine, et le troisième, Geoffroi, la Bretagne. Ces réclamations des fils contre leur père trouvaient un écho sur le continent. Les Aquitains appuyaient les revendications de Richard et leurs poètes chantaient le jeune prince, poète lui-même et chevalier intrépide. Quant aux Bretons, ils aspiraient à retrouver leur vieille indépendance, récemment perdue. D'autre part, Aliénor, délaissée par son époux volage et cruel, excitait ses fils contre leur père. Enfin, Louis VII ne

Paysan aux champs. Pour ▷ les vilains et les serfs, l'essentiel de l'alimentation était constitué de céréales : orge, avoine, seigle, froment, épeautre, millet. Fréquemment, plusieurs de ces céréales étaient semées et récoltées ensemble, pour fournir un méteil dont on tirait un pain grisâtre. Mais, au lieu d'être transformées en pain, les céréales étaient le plus souvent consommées sous forme de soupes, de bouillies et de galettes. Dessin de la fin du XIIe siècle. B. N.
Phot. B. N.

◁ **Paysan labourant.** Les charrues se transformèrent progressivement à partir du XIe siècle : apparition des roues, du soc métallique, du collier d'épaule pour les attelages. Le cheval restait toutefois un luxe pour bien des seigneurs et des paysans ; longtemps encore, le bœuf demeura le principal animal de labour et de trait dans les champs et sur les routes d'Europe occidentale. Dessin de la fin du XIIe siècle. B. N.
Phot. B. N.

manquait aucune occasion de se déclarer protecteur de ceux-ci et de les accueillir à sa cour.

La fin du règne fut ainsi marquée par une lutte continuelle entre les deux rois. Louis VII y apporta une persévérance qui ne lui était guère habituelle et put ainsi tenir en haleine jusqu'à sa mort son trop puissant rival. Quelques mois avant de mourir, il fit lui aussi sacrer et couronner roi son fils Philippe (1179), né de son troisième mariage, avec Adèle de Champagne. Ce fut la dernière fois qu'un roi capétien éprouva la nécessité de faire, de son vivant même, sacrer et couronner son fils aîné.

Après avoir commis bien des fautes, Louis VII était parvenu à sauver l'essentiel. La monarchie capétienne avait finalement réussi à contenir les Plantagenêts. Avec Philippe Auguste, elle allait bientôt se dégager de leur étreinte.

△ **Jeunes nobles à la cour de Louis VII,** vus par un grand peintre du milieu du XVe siècle : Jean Fouquet. L'anachronisme est un concept étranger aux artistes médiévaux, qu'il s'agisse des décors, des costumes, des gestes ou des situations.
Phot. Jean Vigne.

Sacre de Philippe Auguste. Il eut lieu le 1er novembre 1179 dans la cathédrale de Reims. Philippe fut le dernier roi de France sacré du vivant de son père. Miniature du XVe siècle. ▷
Phot. B. N.

Le retour du croisé. Le ▷ pèlerinage vers les Lieux saints était long, coûteux et dangereux. De revenir l'on n'était jamais certain. Et, de fait, un pèlerin sur deux n'en revenait pas. Pourtant, tout au long des XIIe et XIIIe siècles, innombrables furent ceux, grands seigneurs ou simples paysans, qui prirent la croix. Après plusieurs mois ou plusieurs années d'absence, les retours étaient émouvants, tel celui du comte Hugues de Vaudémont, accueilli ici par son épouse. Sculpture du XIIe siècle, Nancy, église des Cordeliers.
Phot. Lauros-Giraudon.

1180-1223 La France de Philippe Auguste

LOUIS VII AVAIT ÉTÉ UN ROI DÉVOT ET FAIBLE, et cette faiblesse avait souvent mis en péril l'avenir de la monarchie capétienne. En outre, il eut beaucoup de difficultés pour avoir un fils : ce ne fut qu'après vingt-sept années de mariage, et de sa troisième femme, que ce fils lui naquit. Mais ce fut en quelque sorte son chef-d'œuvre et le meilleur service qu'il rendit au royaume.

Comme son père, en effet, Philippe Auguste régna quarante-trois ans. Son règne fut l'un des plus longs de l'histoire de France. Mais ce ne fut pas seulement un long règne ; ce fut aussi et surtout un grand règne. Avec ce prince, la dynastie capétienne l'emporta définitivement sur les puissants et turbulents Plantagenêts ; le domaine royal s'accrut dans des proportions considérables ; l'autorité monarchique s'affirma dans tous les domaines ; une véritable administration fut mise en place ; les lettres et les arts, sans être encouragés par la politique royale, connurent un développement sans précédent ; enfin, la nation française prit une certaine conscience d'elle-même en remportant sur l'étranger sa première grande victoire : Bouvines.

À l'intérieur du royaume, le fait le plus marquant fut l'extension du domaine royal, qui tripla en une trentaine d'années. À la suite de son premier mariage, Philippe Auguste l'étendit vers le nord, en faisant l'acquisition de l'Artois, de l'Amiénois et du Vermandois. Puis ce fut la poussée vers l'ouest, du pays de Caux jusqu'à la Gironde, avec les confiscations opérées au détriment du roi d'Angleterre Jean sans Terre (Normandie, Maine, Anjou, Touraine, Poitou, Saintonge). À la mort de Philippe, en 1223, il n'y avait plus que cinq maisons féodales notables : Flandre, Bretagne, Champagne, Bourgogne, Toulouse. Toutes étaient démembrées ou menacées de l'être, et deux d'entre elles étaient déjà aux mains de branches cadettes de la famille capétienne (Bourgogne et Bretagne). La grande féodalité avait été frappée au cœur, et la monarchie s'en trouvait définitivement fortifiée. Désormais, les souverains n'eurent plus besoin de prendre la précaution de faire sacrer et d'associer au trône leur fils aîné de leur vivant. Louis VIII — tenu à l'écart des affaires pendant la plus grande partie du règne de Philippe Auguste — succéda ainsi à son père sans que, pour la première fois, aucune de ces formalités n'ait été accomplie. Ce fut le début d'une histoire dynastique nouvelle qui vit ainsi le jour.

◁ **Roland à Roncevaux,** tentant vainement de briser son épée puis de sonner du cor. Philippe Auguste chercha toujours à rattacher la dynastie capétienne à celle des Carolingiens. Pour ce faire, il encouragea la diffusion de la légende de Charlemagne et de son neveu Roland. Il voulait aussi faire concurrence à la légende du roi Arthur (revendiqué comme ancêtre par ses ennemis Plantagenêts), légende qui connaissait alors une vogue inouïe dans tout l'Occident. Vitrail de la cathédrale de Chartres, XIIe siècle. *Phot. Giraudon.*

A la mort de son père, Philippe II n'avait que quinze ans. Il était très populaire depuis sa naissance parce que, pendant de nombreuses années, Louis VII n'avait eu que des filles. La venue au monde du jeune prince avait rempli de joie ses sujets. Dès avant de monter sur le trône, il avait montré une maturité étonnante. Au reste, depuis un an, son père lui avait presque entièrement abandonné le pouvoir. Son premier acte de roi fut hardi et heureux : il décida d'épouser la nièce de son tuteur et parrain, le puissant comte de Flandre, Philippe d'Alsace. Ce mariage, qui irritait le parti de la reine mère, Adèle de Champagne, présentait un double avantage. D'abord, le comte de Flandre promettait de doter sa nièce de l'Amiénois, du Vermandois et, plus tard, de l'Artois : c'était pour le domaine royal un accroissement considérable au nord. Ensuite, cette nièce, Isabelle de Hainaut, descendait de Charles de Lorraine, l'ancien compétiteur d'Hugues Capet en 987. Elle était du sang directe de Charlemagne. En l'épousant, Philippe greffait la dynastie capétienne sur la dynastie carolingienne. Il se donnait pour ancêtre le prestigieux empereur qu'à ce même moment la poé-

Un grand règne

△ **Grand sceau de Philippe Auguste (1180).** Selon l'usage depuis Henri Ier, le roi est assis en majesté, sur un trône orné de motifs zoomorphes, tenant les attributs de sa fonction et vêtu comme en son conseil. Mais, dans la réalité, le roi ne se trouve jamais ainsi paré, pas même le jour de son sacre. Archives nationales, Paris.
Phot. Lauros-Giraudon.

Mariage de Philippe Auguste et d'Isabelle de Hainaut (1180). Isabelle était la fille du comte de Hainaut, Baudoin V. Par son père et par sa mère, elle descendait des derniers rois carolingiens ; ce mariage avait donc pour la dynastie capétienne une grande importance politique. La reine mourut en couches, en 1190, après avoir donné à Philippe trois enfants, dont le futur Louis VIII. Bibliothèque municipale de Boulogne-sur-Mer. ▷
Phot. Lauros-Giraudon.

sie épique célébrait dans de nombreuses chansons de geste. L'importance politique de ce mariage était donc considérable.

Caractère du roi. Nous ne savons pas pourquoi Philippe II fut au XVIIe siècle surnommé « Auguste ». Son nom de baptême était Philippe-Dieudonné, et longtemps on l'appela « le Conquérant ». Peut-être le nom d'Auguste lui vient-il de son mois de naissance, août *(Augustus)* ? Ou bien lui fut-il donné en souvenir de Charlemagne, auquel le comparait Guillaume le Breton ? Quoi qu'il en soit, ce que les contemporains retinrent d'abord de son caractère, ce fut son habileté et sa prudence, ainsi que sa passion pour la chasse. Il s'y livrait avec tant d'ardeur que, à quatorze ans, il s'était perdu à la poursuite d'un sanglier dans une forêt des environs de Compiègne. On ne l'avait retrouvé qu'au bout de deux jours, à demi mort de fatigue et de faim, et il en était résulté une maladie qui faillit l'emporter. Mais sous ces dehors fougueux — et bien qu'il fût resté toute sa vie un homme ardent, gros mangeur et gros buveur, chassant quotidiennement (mais ayant les tournois en horreur) —, il cachait des qualités

△ **Sceau d'Isabelle de Hainaut.** Cette empreinte a été tirée d'une matrice en argent retrouvée dans le tombeau de la reine et probablement placée là, lors des funérailles, pour servir de signe d'identification. Archives nationales, Paris.
Phot. Larousse.

d'esprit remarquables. C'était une intelligence sans cesse éveillée, jugeant vite et bien ; il était en outre doué d'une volonté très ferme et ne se décourageait pas. Cela lui servit beaucoup dans sa lutte contre les Plantagenêts. À la différence de ses prédécesseurs, il savait calculer, réfléchir, préparer des plans. Cela était nouveau chez les Capétiens, et l'épithète de « sage » est celle que les chroniqueurs lui appliquèrent le plus souvent. L'intrigue lui plaisait plus que la guerre. Pour la conduire à bonnes fins, il était expert dans l'art de se servir des gens, comblant de largesses ses fidèles, utilisant volontiers des hommes de très basses origines, entretenant savamment la discorde entre ses ennemis, ne répugnant pas non plus, le cas échéant, aux moyens les plus perfides. En fait, c'est par la politique, au sens moderne du mot, beaucoup plus que par les armes que, dans la situation difficile où se trouvait la monarchie capétienne, il put réaliser de grandes choses.

Moderne dans sa façon de réaliser sa politique et ses ambitions, Philippe Auguste n'en fut pas moins un homme de sa lignée et de son temps. Il avait comme ses prédécesseurs une allure de clerc. Mais, contrairement à eux, il ne fut jamais sous la dépendance du clergé. Par instants, il montra l'activité débordante de son aïeul Louis VI, conduisant les expéditions et payant de sa personne quand il le fallait. Mais il se distinguait profondément des autres chevaliers, et notamment de son royal contemporain Richard Cœur de Lion, par son mépris de la vaine gloire et des exploits inutiles. C'était un politique ambitieux, tenace et qui savait attendre. Vertus fort peu chevaleresques.

La lutte contre Henri II Plantagenêt. Contre le roi d'Angleterre vieilli et découragé, le jeune roi de France sut, comme l'avait déjà fait Louis VII, se servir des propres fils de Henri II, en révolte contre leur père. Ce fut d'abord Geoffroi, duc de Bretagne, que Philippe soutint militairement au moment où il se révoltait pour la seconde fois, les armes à la main, contre son père. Geoffroi mort, Philippe se déclara aussitôt défenseur de son fils, Arthur. Puis il s'allia au fils puîné d'Henri, Richard, le plus agité et le plus intraitable. Enfin, il poussa le dernier, Jean, le préféré du vieux roi, à trahir également la cause paternelle. Pour Henri II, ce fut le coup de grâce. Il mourut en 1189 en maudissant ses fils, sa femme et le roi de France, ainsi que le jour de sa propre naissance. Telle fut la fin tragique et cruelle du premier roi Plantagenêt. Il s'était élevé très rapidement, avait bénéficié de bonne heure des faveurs du destin, mais avait ensuite compromis sa bonne fortune par ses ambitions impatientes et démesurées, par sa fougue et

Sceau de Richard Cœur de Lion. Sur cette face, Richard n'est pas représenté en tant que roi d'Angleterre mais en tant que duc de Normandie et d'Aquitaine et comte d'Anjou. Sur son bouclier, on peut voir le plus ancien témoignage des armoiries royales aux trois léopards, qui sont encore aujourd'hui celles de la reine Élisabeth II. Archives nationales, Paris.

▽ *Phot. Larousse.*

par ses accès de colère. Il laissait à ses deux derniers fils, Richard et Jean, des domaines très vastes, mais aussi la fureur funeste des princes de son lignage. Ils consommèrent en moins d'un quart de siècle la ruine de leur immense puissance, et Philippe Auguste sut les y aider.

La troisième croisade. La troisième croisade, entreprise par l'empereur Frédéric Barberousse, le roi d'Angleterre Richard Cœur de Lion et le roi de France Philippe Auguste, ne fut pas plus heureuse que les deux précédentes. Elle avait cependant été nécessitée par un événement d'une gravité exceptionnelle : la perte de Jérusalem, dont Saladin, maître musulman de l'Égypte, s'était emparé le 2 octobre 1187 après avoir vaincu et fait prisonnier le

Musulmans dotés de boucliers armoriés. Les armoiries sont nées en Occident ; elles n'ont pas été rapportées d'Orient par les croisés comme on l'a cru autrefois. Mais, de bonne heure, les auteurs et les artistes occidentaux se sont mis à doter d'armoiries imaginaires les sarrasins qui, dans les chansons de geste, étaient opposés aux combattants francs. Miniature du XIVe siècle. B. N.
Phot. Giraudon.

Pierre tombale d'un chevalier tenant un écu armorié. Apparu un peu partout en Europe occidentale vers le milieu du XIIe siècle, l'usage des armoiries, d'abord réservé aux chefs de guerre, s'étendit à l'ensemble de la classe noble entre 1170 et 1220. Obéissant à quelques règles strictes de composition, stables chez un même personnage puis dans une même famille, les armoiries avaient pour première fonction d'identifier celui qui les portaient. Ainsi, sur cette pierre tombale du XIIIe siècle conservée dans l'église Saint-Martin de Laon, on peut reconnaître, grâce à l'écu armorié, un membre de la puissante maison de Châtillon.
Phot. Marc Garanger.

Départ de Philippe Auguste pour la croisade. Après avoir pourvu aux intérêts de son royaume et confié la régence à sa mère et à son oncle l'archevêque de Reims, Philippe s'embarqua à l'été 1190 et retrouva Richard Cœur de Lion en Sicile, où les deux rois décidèrent de passer l'hiver. Miniatures du XIVe siècle.
Phot. B. N.

4 juillet le roi de Jérusalem, Guy de Lusignan, à Hattin. Les trois plus puissants souverains d'Occident prirent donc la croix à l'appel du pape et des chrétiens de Terre sainte, notamment de l'archevêque de Tyr, venu prêcher la croisade générale.

Les préparatifs de l'expédition furent longs et considérables. Fort des expériences précédentes, on écarta les femmes, les enfants, les pauvres gens et les simples pèlerins. C'était pour la première fois une armée et non une cohue. Seuls partaient des combattants. Tous ceux qui restaient devaient payer, sans exception, une taxe, la dîme saladine, proportionnelle à leurs revenus, afin de financer l'expédition. Pendant que Frédéric Barberousse suivait la vallée du Danube, les rois de France et d'Angleterre résolurent de prendre la voie maritime, plus directe et plus sûre. Des vaisseaux loués à deux puissantes cités, Gênes et Marseille, les conduisirent jusqu'en Sicile, où ils décidèrent de passer l'hiver de l'an 1190. Ce fut là que l'amitié de Philippe et de Richard se rompit. La rupture était du reste inévitable entre ces deux hommes de caractère si différents, l'un tout de calcul, l'autre tout de passion. Au printemps, ils mirent néanmoins le cap vers la Syrie. Philippe débarqua le premier, Richard s'étant attardé en route pour prendre l'île de Chypre. Ensemble, ils se portèrent au secours de Guy de Lusignan, qui assiégeait Saint-Jean-d'Acre, ville portuaire de première importance. Bien qu'encerclés eux-mêmes par les forces ayyūbides de Saladin, ils parvinrent à faire capituler la garnison ennemie au terme d'un siège long et pénible (juillet 1191).

Ce fut le seul véritable succès de la croisade. Philippe avait hâte de rentrer en France et de revoir son royaume. Peut-être pensait-il déjà à profiter de l'absence de son rival pour s'approprier certaines de ses terres. Entre la gloire et le profit, il n'hésitait guère. Il faut dire aussi qu'entre-temps Frédéric Barberousse s'était noyé, le 10 juin 1190, dans une rivière d'Asie Mineure, le Cydnos, et que toute l'armée allemande, arrivée par voie de terre, s'était disloquée après cet accident. Frédéric mort, Philippe parti, Richard resta seul à la tête des croisés pendant quatorze mois. Il acquit pendant cette période un renom de bravoure (et aussi de cruauté) considérable. Mais il ne réussit pas à reprendre Jérusalem et, de guerre lasse, conclut avec Saladin le 2 septembre 1192 une trêve qui reconnaissait les conquêtes de celui-ci. Le royaume chrétien de Jérusalem se trouvait réduit à une mince bande côtière. Au reste, les sentiments des chrétiens à l'égard des musulmans commençaient de se modifier : devant Saint-Jean-d'Acre, par exemple, au cours de suspensions d'armes, les adversaires étaient entrés en rapport et avaient échangé des visites et des cadeaux. On s'accoutumait à traiter avec les musulmans et à l'idée de sauver par des négo-

△ **Frédéric Barberousse devant Rome.** Héros malheureux de la troisième croisade, Frédéric avait eu auparavant un long conflit avec la papauté. Descendu en Italie, en 1154, pour y rétablir l'autorité impériale et faire de Rome sa capitale, il s'était heurté au pape Alexandre III, auquel il avait dû finalement se soumettre. Quinze ans plus tard, sa mort mystérieuse en Terre sainte en fit un héros de légende. Dessin du XVe siècle. B. N.
Phot. R. Laffont.

◁ **Le krak des Chevaliers, en Syrie.** Les forteresses construites en Terre sainte par les Francs le furent selon les modèles occidentaux. L'une des plus puissantes était le krak des chevaliers-moines de l'ordre des Hospitaliers de Saint-Jean-de-Jérusalem, dressé au nord de Tripoli, sur un promontoire rocheux dominant la plaine d'environ 300 mètres. Les musulmans ne parvinrent à s'en emparer, par la ruse, qu'en 1271.
Phot. Guillard-Top.

ciations plus que par la lutte armée les intérêts des chrétiens en Orient. Le véritable esprit de croisade s'altérait.

La déviation de la quatrième croisade et la prise de Constantinople. La croisade suivante allait montrer à quel point les idées des croisés s'étaient modifiées. L'initiative en revint au pape Innocent III, qui voulut profiter de la mort de Saladin, en 1193, et des guerres fratricides entre ses dix-sept fils et son frère pour tenter de reprendre les Lieux saints. Il promit la rémission des péchés à tous ceux qui partiraient et invita le clergé à abandonner le quart de ses biens pour cette entreprise. Mais l'enthousiasme pour retourner se battre en Orient était bien refroidi. Aucun souverain ne voulut se croiser. Le clergé et l'aristocratie se firent prier. Les petits nobles et le peuple, seuls, montraient du zèle. Toutefois, les préoccupations politiques l'emportaient souvent sur les intentions religieuses.

Dans les projets du pape, on devait gagner Jérusalem en passant par l'Égypte. Un contrat avait même été conclu avec la ville de Venise, qui s'engageait à fournir contre argent les bateaux nécessaires. Toutefois, les croisés, arrivés dans son port, n'ayant pas pu réunir la somme promise, Venise leur proposa de s'acquitter de cette dette en allant conquérir pour elle, sur la côte dalmate, la ville de Zara, importante pour son commerce. Malgré l'interdiction du pape, les croisés acceptèrent, et Zara fut prise le 14 novembre 1202 et remise aux Vénitiens. Ces derniers, qui se souciaient peu d'aller guerroyer en Égypte, où ils faisaient un commerce fructueux avec les Arabes, incitèrent les croisés à diriger l'expédition vers Constantinople, la ville la plus riche de toute la chrétienté. Il s'agissait prétendument de rétablir un empereur byzantin détrôné, Isaac II Ange. Pour calmer les scrupules des Occidentaux, ce dernier leur promettait, une fois rétabli, son aide militaire et financière contre les Turcs pour récupérer les Lieux saints. Ainsi, la croisade ne serait pas abandonnée, mais reprendrait avec des forces accrues.

Innocent III eut beau excommunier les Vénitiens et menacer les croisés du même châtiment, l'esprit d'aventure l'emporta. Concentrés à Corfou, les croisés s'embarquèrent sur la flotte vénitienne, pleins d'allégresse et d'espoir. La vue de Constantinople excita leur émerveillement et leurs convoitises. Ils donnèrent l'assaut à la ville le 17 juillet 1203 et, victorieux, rétablirent l'empereur détrôné. Mais, comme celui-ci ne put tenir ses promesses du fait de l'hostilité de la population byzantine qui se révolta, ils prirent la ville une seconde fois, le 13 avril 1204, et la pillèrent de fond en comble pendant trois jours. Leur cupidité et leur désir de vengeance n'épargnèrent rien, pas même les églises. Le butin fut considérable. Trois huitièmes de l'Empire échurent à Venise, trois autres huitièmes aux croisés. Quant aux prêtres, ils s'emparèrent des précieuses reliques conservées à Constantinople (débris de la vraie croix, fer de la sainte lance) et les envoyèrent dans les sanctuaires d'Occident.

Maîtres de Constantinople, les croisés élurent le 9 mai 1204 comme empereur le comte Baudoin de Flandre et lui attribuèrent les deux derniers huitièmes des terres conquises. De l'expédition en Terre

◁ **Arrivée des croisés devant les murs de Constantinople,** le 17 juillet 1203. Pour les Occidentaux, Constantinople était une ville magique, la ville par excellence, regorgeant d'habitants (elle fut pendant presque tout le Moyen Âge la ville la plus peuplée de la chrétienté), de monuments, de trésors et de reliques. Tout à la fois objet d'admiration et de convoitise, elle ne pouvait finir que par être pillée. Miniature de la fin du XIIIe siècle.
Phot. B. N.

Le comte de Flandre couronné et sacré empereur latin d'Orient. ▷ Comte de Flandre et de Hainaut, marquis de Namur, Baudouin partit pour la croisade en 1202. Il fut élu empereur de Constantinople le 9 mai 1204, après le sac de la ville. Mais, dès l'année suivante, les Grecs d'Andrinople s'allièrent aux Bulgares et se soulevèrent contre lui. Il fut vaincu et mourut emprisonné. La ville resta aux mains des Francs jusqu'en 1261. En cinquante-sept ans, ils la dépouillèrent de la plus grande partie de ses richesses, de ses objets d'art et de ses précieuses reliques. Miniature du XVe siècle. Bibliothèque municipale de Boulogne-sur-Mer.
Phot. Lauros-Giraudon.

sainte, il ne fut plus question. Le partage du butin et la distribution de fiefs avaient comblé tous les désirs des Occidentaux. Le pape en conçut une immense douleur. La quatrième croisade n'avait abouti à rien d'autre qu'à la création d'un empire latin d'Orient bien précaire et à faire des Vénitiens les maîtres du commerce avec le monde oriental.

Richard Cœur de Lion. En Occident, la lutte avait depuis longtemps repris entre le roi de France et le roi d'Angleterre. Le retour de Richard de Terre sainte avait été une véritable odyssée. La tempête l'avait jeté sur la côte de l'Illyrie. Il tenta alors de traverser l'Autriche et l'Allemagne à pied. Mais il fut capturé par l'un de ses plus mortels ennemis, Léopold d'Autriche, qu'il avait humilié devant Acre. Celui-ci le retint prisonnier un certain temps, puis le remit, en février 1193, à l'empereur Henri VI, qui, comme tout le monde, avait des griefs contre le héros trop turbulent. Richard fut retenu pendant quatorze mois. Pour obtenir sa délivrance, le royaume d'Angleterre dut verser à l'empereur une rançon considérable, la plus forte jamais exigée en Occident. Philippe Auguste, pendant ce

△ **Arrestation de Richard Cœur de Lion.** Le retour du héros de la troisième croisade fut une véritable odyssée : jeté sur les côtes d'Illyrie par une tempête, il fut capturé par l'archiduc Léopold d'Autriche et livré à l'empereur Henri VI, qui ne le délivra que quatorze mois plus tard, en 1194, contre une énorme rançon. Dessins de la fin du XIIe siècle. *Phot. de la bibliothèque de la Bourgeoisie, Berne.*

△ **Grand sceau de Jean sans Terre.** Malgré ses nombreux échecs, Jean fut probablement un meilleur roi que son frère Richard. Mais, de bonne heure, la légende a fait de lui un prince cruel, cupide et incapable, tandis qu'elle dotait Richard de toutes les perfections et en faisait le héros chevaleresque par excellence. Archives nationales, Paris. *Phot. Larousse*

Jean sans Terre à la chasse. ▷ Comme Philippe Auguste, les rois Plantagenêts furent des chasseurs enragés. Jusqu'en 1215, toutes les forêts du royaume d'Angleterre leur appartinrent. Miniature du XIVe siècle. British Museum. *Phot. Fleming.*

temps, encourageait les troubles dans le royaume de son rival. Il poussait le jeune frère de Richard, Jean, comte de Mortain, dit « Jean sans Terre », à s'emparer de la Couronne. Il était même prêt à payer une contre-rançon pour que l'empereur ne relâchât pas son royal prisonnier. L'émotion était générale dans toute la chrétienté. La captivité prolongée de Richard scandalisait beaucoup de monde et notamment le pape, qui, après le paiement de l'énorme rançon, exigea de Henri VI qu'il délivrât Richard. Ce qui fut fait en 1194. L'empereur écrivit alors au roi de France : « Prenez garde, le diable est lâché ! »

Richard Cœur de Lion était déjà de son vivant un héros de légende. Sa bravoure était servie par une force musculaire exceptionnelle. En outre, sans se soucier de ses vrais intérêts, il cherchait toutes les occasions de justifier son renom de premier chevalier chrétien. Il sacrifiait tout au désir d'étonner et de paraître. À un réel talent de poète, il joignait des passions fougueuses que rien ne semblait pouvoir assouvir. Il était dévoré comme d'une ardente et perpétuelle inquiétude, et son existence, à l'image de celle de son père, ne fut qu'un long accès de violence furieuse. Ce qui frappa le plus les chroniqueurs, puis les historiens, ce fut son inconséquence. Il était tantôt d'une cupidité insatiable, tantôt d'une prodigalité folle. En Angleterre, il vendait tout : évêchés, dignités, magistratures, comtés, châteaux, afin d'accroître ses revenus. Mais il donnait tout aussi, par caprice, à ses chevaliers préférés, aux aventuriers dont il aimait s'entourer. Il passait sans raison de la férocité à la magnanimité. Il bravait et insultait les plus grands, voulait se battre plus que régner. Sa vie ne fut qu'un immense roman de chevalerie, et sa légende ne connut pas d'éclipse. Il reste l'homme qui incarne le plus parfaitement le Moyen Âge.

Le démembrement de l'empire Plantagenêt. Richard libéré reprit la lutte contre Philippe Auguste. Il eut souvent le dessus, notamment le 3 juillet 1194 à Fréteval, près de Vendôme, où le roi de France perdit toutes ses archives, une partie de son trésor et son grand sceau. Ce fut après cette défaite que l'on décida de conserver les chartes et les archives royales (c'est-à-dire essentiellement ses titres de possessions) dans un lieu fixe à Paris, d'abord le Temple, puis la Sainte-Chapelle (pendant le règne de Saint Louis). Philippe fut souvent dans une situation difficile, notamment sur la frontière normande, et seule la mort de Richard, au printemps de 1199, lui permit de se rétablir. Cette mort à la fleur de l'âge fut à l'image de la vie du héros : il la rencontra en effet dans une vulgaire aventure, alors qu'il était parti en Limousin châtier un vassal révolté qui refusait de lui remettre un prétendu trésor trouvé dans le château de Châlus. En assiégeant cette forteresse, il fut mortellement blessé, le 26 mars, par un carreau d'arbalète.

Contre Jean, successeur de Richard, les conditions de la lutte franco-anglaise se trouvèrent modifiées. Dernier fils de Henri II et nommé « sans Terre » parce qu'il n'avait rien reçu, étant trop jeune lorsque son père avait partagé le gouvernement de ses provinces françaises entre ses enfants, Jean n'était, sous des dehors élégants, qu'un prince cyclothymique et irresponsable, déloyal, débauché et détesté de tous, notamment de ses sujets anglais et de ses vassaux continentaux. Deux actes graves achevèrent de soulever contre lui l'indignation générale. Il commença par enlever Isabelle d'Angoulême, la fiancée de l'un de ses principaux vassaux, le comte de la Marche, Hugues de Lusignan, et l'épousa de force le 30 août 1200. Le comte et les seigneurs du Poitou l'ayant sommé de comparaître devant son suzerain, le roi de France, pour répondre de sa conduite, Jean ne vint pas à la convocation, comme l'exigeait le droit féodal. Cela permit à Philippe Auguste de le condamner à la confiscation de ses fiefs français, le 28 avril 1202. À de tels crimes, le roi d'Angleterre en ajouta un autre, pire que tous ceux qu'on lui reprochait : ayant fait prisonnier son neveu, Arthur de Bretagne, protégé de Philippe Auguste, il le fit disparaître le 3 avril 1203, dans des conditions mystérieuses qui ressemblaient beaucoup à un assassinat.

◁ **Prise de Tours par Philippe Auguste.** La confiscation de la Touraine fut prononcée dès 1203, mais ce n'est que trois ans plus tard que Philippe Auguste put en faire la conquête et entrer dans la riche cité archiépiscopale de Tours. Celle-ci avait été épargnée par Jean sans Terre, qui, en défendant ses fiefs, avait quelques semaines plus tôt saccagé Angers. Miniature du XVe siècle. B. N.
Phot. B. N.

△ **Ruine de la forteresse de Château-Gaillard, près des Andelys.** Construite en deux ans (1196-1198) par Richard Cœur de Lion afin de protéger Rouen et de barrer la basse vallée de la Seine, elle semblait imprenable ; mais Philippe Auguste parvint à s'en emparer par la ruse, en 1204, après un siège mémorable.
Phot. S. Chirol.

◁ **Retour de Philippe Auguste à Paris après sa victoire de Bouvines.** La victoire du roi contre la coalition anglo-impériale fut suivie dans tout le royaume d'une joie populaire sans précédent. Bien avant Jeanne d'Arc, ce fut probablement là la première vraie manifestation d'un certain sentiment « national ». Miniature du XVe siècle. Bibliothèque royale Albert Ier, Bruxelles.

Phot. Bibliothèque royale Albert Ier.

Le comte Ferrand de Flandre ramené à Paris. Selon les chroniqueurs, Ferrand, fait prisonnier à Bouvines, fut ramené dans une vulgaire charrette (voir illustration de gauche) et non pas, comme ici, sur un cheval blanc. Il fut prisonnier quatorze ans au Louvre. Miniature du XIVe siècle.

Phot. Giraudon. ▽

Philippe cita le roi meurtrier à comparaître de nouveau devant ses pairs. Après avoir failli s'y rendre, Jean ne vint pas, de peur d'être gardé prisonnier. Un tribunal le condamna à être déchu de tous ses biens. Après avoir prononcé cette sentence, Philippe entreprit donc, les armes à la main, la conquête des fiefs français de Jean. Le discrédit du roi d'Angleterre lui valut des appuis précieux. Dès 1203, il réussit à s'emparer de l'Anjou, du Maine et de la Touraine. Puis, l'année suivante, après le long et mémorable siège du formidable Château-Gaillard, aux Andelys, dont il s'empara par la ruse le 6 mars 1204, Philippe prit Rouen le 24 juin, et put conquérir toute la Normandie. Enfin, après deux années de trêve, il s'empara d'une grande partie du Poitou et de la Saintonge. En quelques années, l'empire Plantagenêt avait été démembré. Par un bond prodigieux, le domaine royal s'agrandissait jusqu'à la Manche et l'Atlantique. Jean ne gardait que le sud de ses possessions continentales : Poitou méridional, Guyenne et Gascogne, où il était du reste détesté.

La victoire de Bouvines. Après avoir été excommunié en janvier 1213 par le pape Innocent III, Jean sans Terre avait dû se déclarer son vassal pour sauver son royaume. Pour se venger, il noua contre Philippe une vaste coalition dans laquelle entrèrent notamment le comte Ferrand de Flandre, le comte Renaud de Boulogne et surtout l'empereur Otton IV de Brunswick. En 1213, Philippe avait pillé la Flandre et privé Renaud de son comté de Boulogne. Aussi, l'année suivante, un vaste plan de campagne fut-il dressé contre lui : il s'agissait d'attaquer le domaine capétien à la fois au nord (l'empereur et les deux comtes) et

au sud (Jean et ses vassaux aquitains). Le péril était grand. Mais Philippe Auguste sut diviser ses forces : tandis qu'il se réservait de faire face lui-même à l'invasion impériale, il envoya son fils, le prince Louis, affronter le roi d'Angleterre. En juillet 1214, deux batailles anéantirent les projets des coalisés : le 2, Louis fut victorieux de Jean à La Roche-aux-Moines, près d'Angers ; le 27, Philippe le fut de l'empereur à Bouvines, en Flandre. Le roi Plantagenêt dut se résigner le 18 septembre au traité de Chinon, par lequel il renonçait aux provinces conquises par son rival.

La victoire de Bouvines avait été chèrement acquise. Philippe y fut même bien près d'y périr. Mais le retentissement en fut grandiose et éveilla un élan de joie populaire dont on n'avait jamais vu d'exemple : à Paris, il y eut une semaine de fêtes ininterrompues. Les sujets du roi capétien sentirent se nouer entre eux et lui des liens plus étroits. Après avoir été unis devant les mêmes dangers, ils étaient réunis dans la même allégresse. De leur regroupement enthousiaste et spontané autour du roi vainqueur apparaît déjà ce que l'on pourrait appeler le germe d'un sentiment « national ».

Saint Dominique et les albigeois (à gauche), qui tentent vainement de brûler un livre saint (à droite). Dès 1203, Dominique chercha, par la prédication évangélique, à ramener dans la voie de l'orthodoxie les hérétiques albigeois. En 1207, il fonda à Prouille, près de Fanjeaux, un monastère pour les femmes hérétiques converties et en fit le premier centre matériel et spirituel de son action. Prédelle du *Couronnement de la Vierge* de Fra Angelico. Musée du Louvre. ▷

Phot. Lauros-Giraudon.

Innocent III approuvant la première règle de saint François (1210). Cette règle, très simple, mettait l'accent sur l'humilité évangélique et la pauvreté la plus intransigeante. Elle fut suivie d'une seconde règle, en 1220, qui, en raison de sa trop grande sévérité, ne fut jamais appliquée. La troisième règle fut mise en forme par saint François en 1223 et confirmée par le pape Honorius III. Fresque de Giotto à Assise.

▽ *Phot. Scala.*

Le gouvernement de Philippe Auguste. L'importance considérable du règne de Philippe Auguste ne s'explique pas seulement par l'extension du domaine royal. Elle fut également marquée par une amélioration de sa gestion. Le roi ne se contenta pas, comme ses prédécesseurs, de protéger les villes et leurs habitants (lesquels, en dehors même du domaine royal, regardaient de plus en plus le roi comme leur protecteur naturel). Il chercha à étendre le rôle des tribunaux royaux en leur réservant le jugement de certaines affaires et en invitant les plaideurs déjà jugés par les cours des seigneurs à faire appel devant lui des jugements rendus. Mais c'est l'administration qui vit la création la plus décisive, celle de véritables fonctionnaires au service de l'État : les baillis.

Jusque-là, l'administration du domaine relevait des prévôts, mais ceux-ci, tenant leur charge comme une sorte de fief, montraient souvent peu de docilité. Philippe Auguste plaça donc au-dessus d'eux les baillis (appelés sénéchaux dans les provinces conquises sur le roi Plantagenêt), qui ne dépendaient que de lui et qui pouvaient être destitués en cas d'insoumission. Ils étaient en même temps administrateurs (exécution des décisions royales,

◁ **Deux jongleurs avec leurs animaux.** Honnis de l'Église, les jongleurs allaient de château en château présenter des tours, conter des histoires, chanter, danser et jouer de la musique. Dessin du début du XIIe siècle. Bibliothèque municipale de Dijon.

Phot. Giraudon.

Un pèlerin retenu par la Paresse. ▽ Les pèlerins, qui jouissaient, comme les croisés, de nombreux privilèges, n'étaient guère aimés des populations villageoises. On les accusait d'hypocrisie et l'on s'en moquait. Miniature du XIVe siècle. Bibliothèque Sainte-Geneviève, Paris.

Phot. Ethel.

surveillance des vassaux, du clergé et des communes), juges, chefs de police, chefs militaires (convocation de l'ost, entretien des forteresses royales) et surtout gestionnaires des finances royales (perception des redevances de toutes natures, paiement des dépenses locales, etc.). Grâce aux baillis, l'autorité royale, partout présente dans un domaine immensément agrandi, put désormais se faire beaucoup plus entreprenante.

Philippe Auguste fut également le premier souverain capétien à ouvrir systématiquement son conseil à des clercs ou à des laïques de modeste naissance, et à les y maintenir en permanence, alors qu'il n'y appelait les grands personnages que pour les séances d'apparat. Il avait plus de confiance dans le dévouement de roturiers et de petits clercs qui lui devaient tout. Enfin, ce fut pendant son règne que Paris devint de plus en plus fréquemment la résidence ordinaire du souverain. Il habitait le palais de la Cité, dans l'île du même nom. La ville, considérablement agrandie, surtout sur la rive droite de la Seine, fut rénovée (les enceintes, les rues pavées, le Louvre, les Halles datent de ce règne) et prit figure de capitale, non seulement du domaine royal, mais aussi de tout le royaume. En outre, le développement de l'Université lui donna un renom international.

◁ **Pèlerin devant une reine.** Constitué progressivement, le réseau des différents pèlerinages couvrait l'ensemble de la chrétienté. En France, à l'époque de Philippe Auguste, les sanctuaires les plus visités étaient dédiés à la Vierge et à des saints particulièrement vénérés : Saint-Martin de Tours, Sainte-Foy de Conques, Notre-Dame du Puy, la Madeleine de Vézelay, Rocamadour, Le Mont-Saint-Michel. Mais le vrai pèlerinage était celui qu'on accomplissait au loin, en terre étrangère, à Rome, à Compostelle ou sur les Lieux saints. Miniature du XIVe siècle. Bibliothèque Sainte-Geneviève, Paris.
Phot. Ethel.

Page suivante :
Chartres : Notre-Dame de la Belle Verrière. Rescapé du grand incendie de 1194, qui détruisit la plus grande partie de la cathédrale romane, ce vitrail, réalisé vers 1170, fut par la suite réenchâssé dans une verrière conçue aux dimensions des nouvelles fenêtres gothiques. Il contribua beaucoup au développement de l'art marial sur les vitraux du XIIIe siècle.
Phot. Hinous-Top.

1223-1285
Le siècle de Saint Louis

LE DEMI-SIÈCLE QUI S'ÉCOULA entre la mort de Philippe Auguste (1223) et celle de son arrière-petit-fils Philippe III le Hardi (1285) vit le triomphe de la monarchie capétienne. Au temps des efforts et des périls succéda celui des consolidations. Définitivement accepté, le principe d'hérédité permit à Louis VIII d'être le premier roi capétien à être non sacré du vivant de son père. Il bénéficiait d'ailleurs d'une double légitimité puisque, à celle des Robertiens, il ajoutait celle des Carolingiens, dont étaient issues à la fois sa grand-mère paternelle Adèle de Champagne et sa mère Isabelle de Hainaut. Fort dissemblable de Philippe Auguste, Louis VIII était un homme chétif, froid, mais actif, qui commença son règne en reprenant, en 1223, la guerre contre le jeune roi d'Angleterre Henri III. Il acheva alors la conquête du Poitou, mais ne put enlever Bordeaux. En 1225, il décida d'en finir avec les albigeois et engagea contre eux une troisième croisade en 1226. Depuis l'échec de celle qu'il avait conduite en 1219, les cathares avaient reconquis le terrain perdu. En mai 1226, son armée quitta Bourges, descendit la vallée du Rhône par la rive gauche — la rive impériale — et s'attaqua aux possessions du comte de Toulouse. Encerclée de juin à septembre, Avignon capitula. Dès lors, le monarque put soumettre presque sans combattre la plus grande partie du Languedoc méditerranéen, mais il hésita à attaquer Toulouse. Sur le chemin du retour, il mourut en Auvergne, à Montpensier, le 8 novembre 1226, d'une fièvre contractée devant Avignon.

Son fils aîné n'avait que douze ans. La France capétienne connut sa première régence féminine, celle de Blanche de Castille. Loin d'affaiblir la couronne, elle la renforça. Puis ce fut le règne personnel de Louis IX, qui marqua l'apogée de la dynastie. Les hautes qualités du roi saint, la façon dont il conçut et accomplit, à l'intérieur du royaume comme au dehors, sa tâche royale lui valurent un prestige incomparable. « Tous ses sujets, dit un chroniqueur contemporain, l'avaient en respect et en crainte à cause de sa justice et de sa sainteté. » Il fut respecté non seulement dans tout l'Occident, mais également dans les terres de l'Islâm. L'Église lui rendit un hommage décisif en 1297 en le canonisant, vingt-sept ans seulement après sa mort devant Tunis.

△
Vie et mort de Saint Louis : arrivée devant Carthage (à gauche) ; mort du roi (à droite). Les vertus du roi saint, son souci de la justice, son amour de la paix lui ont valu, de son vivant et longtemps après sa mort, un prestige incomparable, dont la dynastie capétienne et le royaume de France bénéficièrent pendant plusieurs siècles. Toutefois, tout autant que les mérites personnels de l'homme et du souverain, ce sont les années de paix et d'expansion économique (les dernières avant les crises du XIVe siècle) qui ont fait ce ce règne « le bon temps de Monseigneur Saint Louis ». Miniature du XVe siècle. B. N. *Phot. Edimedia.*

MALGRÉ LA BRIÈVETÉ DE SON RÈGNE — trois ans — Louis VIII assura l'avenir de la dynastie. De sa femme, Blanche de Castille, il eut huit fils. L'aîné, Philippe, étant mort dès 1218 et le second, Louis, étant de ce fait destiné à la couronne, il lui fallut pourvoir les autres. Par testament rédigé en juin 1225, il décida que trois d'entre eux seraient apanagés de fiefs incorporés au domaine royal par Philippe II Auguste. Le troisième, Robert, reçut ainsi l'Artois, le cinquième, Alphonse, le Poitou et l'Auvergne, le huitième, Charles, l'Anjou et le Maine, aux lieu et place du quatrième, Jean, décédé prématurément en 1226, et des sixième et septième, morts également en bas âge. Cette constitution de principautés territoriales au profit des seuls « princes des fleurs de lys » pouvait, certes, faciliter la pénétration des usages et des mentalités capétiennes dans des territoires qui avaient conservé leur personnalité et leurs traditions locales à la faveur d'une longue période d'autonomie. Et il semble bien que la clause de retour à la couronne en l'absence d'héritier mâle devait faciliter leur réincorporation au domaine royal. Il n'en reste pas moins que cette décision amputait ce dernier du tiers de sa superficie. Et le risque était considérable de voir ainsi se constituer une nouvelle féodalité de grands barons qui, malgré des liens d'étroite parenté, constitueraient un obstacle au renforcement de l'autorité du souverain. Pour l'heure, la maison royale l'emportait en richesse, en force, en prestige sur toutes les autres grandes maisons féodales. Elle était obéie, respectée, admirée, même, de la Manche au Rhône et du Rhône aux Pyrénées.

Le roi qui voulut être saint

△ **Couronnement de Louis VIII et de Blanche de Castille (1223).** Le nouveau roi, longtemps éloigné du gouvernement par son père, qui se méfiait (injustement) de lui, était âgé de 36 ans. Miniature du xve siècle.
Phot. Lauros-Giraudon.

La « régence » de Blanche de Castille. La mort prématurée du roi — Louis VIII avait trente-neuf ans — était

Funérailles de Louis VIII (1226). Le roi mourut de la dysenterie, au château de Montpensier, en Auvergne, après trois ans seulement d'un règne que tout destinait à être un grand règne. Miniature du xve siècle. Bibliothèque municipale de Toulouse. ▷
Phot. Jean Dieuzaide.

néanmoins un événement grave. Elle laissait la couronne à un enfant de douze ans et la réalité du pouvoir à une étrangère, fille du roi Alphonse VIII de Castille. Mais Blanche était une femme énergique, impérieuse, parfois intrépide. À ces qualités viriles, elle joignait également une forme de diplomatie toute féminine et sut, selon les circonstances, intimider, écraser ou

Sacre de Saint Louis. Le ▷ sacre eut lieu le 29 novembre 1226, dans la cathédrale de Reims, alors en plein chantier de reconstruction. Le siège archiépiscopal de Reims étant vacant, ce fut l'évêque de Soissons qui officia et sacra le nouveau roi. Celui-ci était âgé de douze ans ; il était né en 1214, trois mois avant Bouvines. Il fut le premier roi de France qui ait vraiment connu son grand-père (Philippe Auguste) et qui en ait reçu des conseils. Miniature du xve siècle. B. N.
Phot. B. N.

séduire ses adversaires. Sa « régence » sauva dans bien des domaines l'œuvre capétienne.

Ainsi elle agit tout de suite avec une grande habileté en faisant sacrer sans délai son fils à Reims (la cathédrale était alors à l'état de chantier). La plupart des grands vassaux de la couronne assistèrent à la cérémonie. À cette occasion, le comte de Flandre, Ferrand, l'un des vaincus de Bouvines, fut même relâché des prisons royales le 6 janvier 1227. Peu après, Blanche de Castille conclut avec le comte de Toulouse le traité de Meaux-Paris (1229), très avantageux pour la dynastie capétienne. Le comte cédait à la couronne la partie orientale du Languedoc (Beaucaire, Nîmes, Béziers, Carcassonne) et mariait sa fille et unique héritière au frère puîné de Saint Louis, Alphonse de Poitiers, en stipulant que si ce dernier n'avait pas d'enfant (ce qui se passa), le reste du Languedoc reviendrait au roi. Ces acquisitions permettaient déjà d'installer, et pour la première fois, la dynastie capétienne sur la Méditerranée.

Blanche mata ensuite une révolte de seigneurs possessionnés autour du domaine royal, qui cherchaient dans la minorité du souverain une occasion de désordre pour retrouver un peu de leur indépendance perdue. À la tête de la rébellion se trouvait le comte Thibaut IV de Champagne, personnage agité et inconséquent, poète de talent mais piètre politique, et, en outre, plus ou moins épris de la reine. Blanche n'eut guère de peine à le vaincre et à faire de lui un allié et non plus un ennemi. À l'ouest, la tâche fut plus difficile contre Pierre de Dreux, dit Mauclerc, veuf de la comtesse Alix de Bretagne, féodal constamment en état de révolte, et contre le comte de la Marche Hugues de Lusignan. Tous deux bénéficiaient du soutien diplomatique du roi d'Angleterre Henri III. Celui-ci débarqua même à Saint-Malo, le 3 mai 1230, pour reconquérir son héritage. Pierre Mauclerc n'hésita pas à lui transférer son hommage. Ici encore, Blanche vint à bout de plusieurs soulèvements. Dès octobre 1230, Henri III dut regagner l'Angleterre et son nouveau vassal traiter à Paris en novembre 1234 avec la reine mère, qui lui conserva le gouvernement de la Bretagne jusqu'à la majorité de son fils, le comte Jean le Roux, en 1237. Ainsi la régence, contrairement à celles que connut la France dans les siècles postérieurs, contribua-t-elle à fortifier la couronne au lieu de l'affaiblir.

Saint Louis : l'homme. À cette œuvre remarquable, Blanche ajouta un autre mérite : la formation du jeune roi, qui allait bientôt devenir un souverain au prestige incomparable et donner à la monarchie capétienne une autorité morale sans pré-

△ **Le roi d'Angleterre Henri III débarquant à Royan (1242).** Il y est reçu par le comte de la Marche, Hugues de Lusignan, alors en rebellion ouverte contre le roi de France. Ce dernier épisode de la guerre entre Plantagenêts et Capétiens se terminera, après les combats de Taillebourg et de Saintes, à l'avantage du roi de France. Miniature du xve siècle. B. N.
Phot. B. N.

cédent. Celui qui devait être Saint Louis était né à Poissy, près de Paris, en 1214, l'année même de Bouvines. Il fut le premier roi capétien à avoir connu son grand-père et à en avoir reçu des conseils. Roi à l'âge de douze ans (1226), Louis IX ne gouverna vraiment qu'à partir de 1235. Et encore laissa-t-il souvent beaucoup d'influence à sa mère, lui confiant même à nouveau le pouvoir lors de son départ pour la croisade d'Égypte, pendant laquelle elle mourut (1252). S'inspirant de l'éducation qu'elle lui avait donnée, la complétant par un effort personnel de tous les instants, Saint Louis fut à la fois un chrétien fervent, un homme loyal et bon, un roi juste et énergique.

Les contemporains eux-mêmes ont été frappés par l'ardeur de la piété du roi. Il écoutait deux messes chaque matin (trois en carême), récitait au cours de la journée de nombreuses prières à des heures fixes, s'agenouillait le soir cinquante fois avant de se coucher, en disant chaque fois un *Ave Maria.* Il se levait souvent à minuit pour chanter matines avec ses chapelains. Par piété encore, il s'imposait de dures

◁**Le comte de Champagne se soumet au roi.** Depuis le XIe siècle la maison de Champagne était une des plus puissantes et des plus turbulentes du royaume. Ses possessions encerclaient le domaine royal. Heureusement pour la monarchie, elles furent divisées en 1152. Trois quarts de siècle plus tard, le comte Thibaud IV le Chansonnier — qui fut l'un des plus grands poètes de langue d'oïl du XIIIe siècle — prit la tête de plusieurs révoltes féodales contre la régente Blanche de Castille (dont la légende a voulu qu'il fût un soupirant éconduit). Ces révoltes furent matées, et Thibaud dut se soumettre. En 1234, il devint roi de Navarre du chef de sa mère. Miniature du XVe siècle.
Phot. B. N. - Arch. Snark-Edimedia.

◁ **Le saint roi.** Malgré la canonisation de 1297, le culte de Saint Louis fut relativement lent à se mettre en place. Il fallut attendre la fin du XVe siècle, et surtout le XVIIe, pour qu'il connaisse enfin une grande diffusion. Statue en terre cuite polychrome (fin du XVe siècle). Moulins, musée des Beaux-Arts.
Phot. Lauros-Giraudon.

Blanche de Castille surveillant l'éducation de son fils. Jamais aucun roi de France n'avait été si diligemment préparé à son métier de roi. La régence de Blanche, reine énergique, mais mère quelque peu abusive, prit fin en 1235. Cependant, la piété filiale de Louis pour sa mère le plaça vis-à-vis d'elle dans une sorte de minorité perpétuelle, jusqu'à son départ pour la croisade en 1248. Miniature du XIVe siècle. B. N.
▽ *Phot. B. N.*

pénitences corporelles, comme de porter sur sa peau une rugueuse ceinture de crin et de se faire frapper le corps, tous les vendredis, avec cinq chaînettes de fer. Piété à la fois excessive et réfléchie — il est en effet permis de se demander si Louis IX ne s'était pas mis en tête de devenir délibérément un saint —, mais également piété agissante, cherchant sans cesse à entraîner les autres par son exemple, et piété dure, étrangère à des idées de tolérance (idées du reste inconnues à cette époque) et inflexible pour les sceptiques, les incrédules et les blasphémateurs.

Les rigueurs auxquelles le chrétien s'astreignait n'empêchaient pas Saint Louis, dans la vie quotidienne, de se révéler compagnon agréable, de bonne humeur (surtout avant l'échec de la croisade d'Égypte), parfois plein de malice. Ses biographes, et notamment Joinville, qui fut aussi son ami (ou du moins qui prétendit l'avoir été), vantent sa gaieté, sa simplicité et son attachement à sa famille. Père de onze enfants, il les faisait venir chaque soir pour leur faire des récits d'histoire ou de morale. Bien que pleinement conscient de sa dignité de roi, il affichait le plus souvent un vêtement modeste, se mêlait avec simplicité à ses sujets et se montrait d'une générosité inépuisable à l'égard des pauvres. Il aida de ses deniers les étudiants peu fortunés ; il fonda différents hospices, dont celui des Quinze-Vingts, à Paris, pour

trois cents aveugles ; surtout, en payant de sa personne, il pratiqua lui-même la charité la plus dévouée, visitant les malades et les lépreux et s'improvisant « infirmier » en de nombreuses occasions.

Saint Louis : le roi. Aux vertus privées, qui font de lui une figure mythologique de l'histoire de France, Saint Louis sut vraiment joindre les qualités d'un grand roi. Par souci d'appliquer les préceptes de la morale chrétienne, il poussa très loin l'amour de la justice : dans les *Enseignements* rédigés à l'usage de son fils, il disait : « S'il arrive que quelqu'un soit en conflit avec toi, soutiens sa cause devant ton Conseil, afin

Saint Louis lavant les pieds des pauvres. L'ascétisme et la piété du roi furent, de son vivant même, jugés excessifs. On trouvait qu'il en faisait trop, qu'en certaines circonstances il transgressait sa dignité de roi (opinion de Joinville), voire qu'il commettait un péché de démesure. Dessin du XVIIe siècle, d'après des peintures du XIVe siècle de la Sainte-Chapelle, aujourd'hui disparues. ▷
Phot. Giraudon.

Saint Louis donnant à manger à un moine lépreux. Objet de répulsion, voire d'abomination, les lépreux étaient enfermés dans des léproseries. Venir leur donner des soins était considéré, jusqu'au XIVe siècle, comme l'exemple parfait de la charité. Dessin du XVIIe siècle, d'après un cycle de peintures du XIVe.
▽ *Phot. Giraudon.*

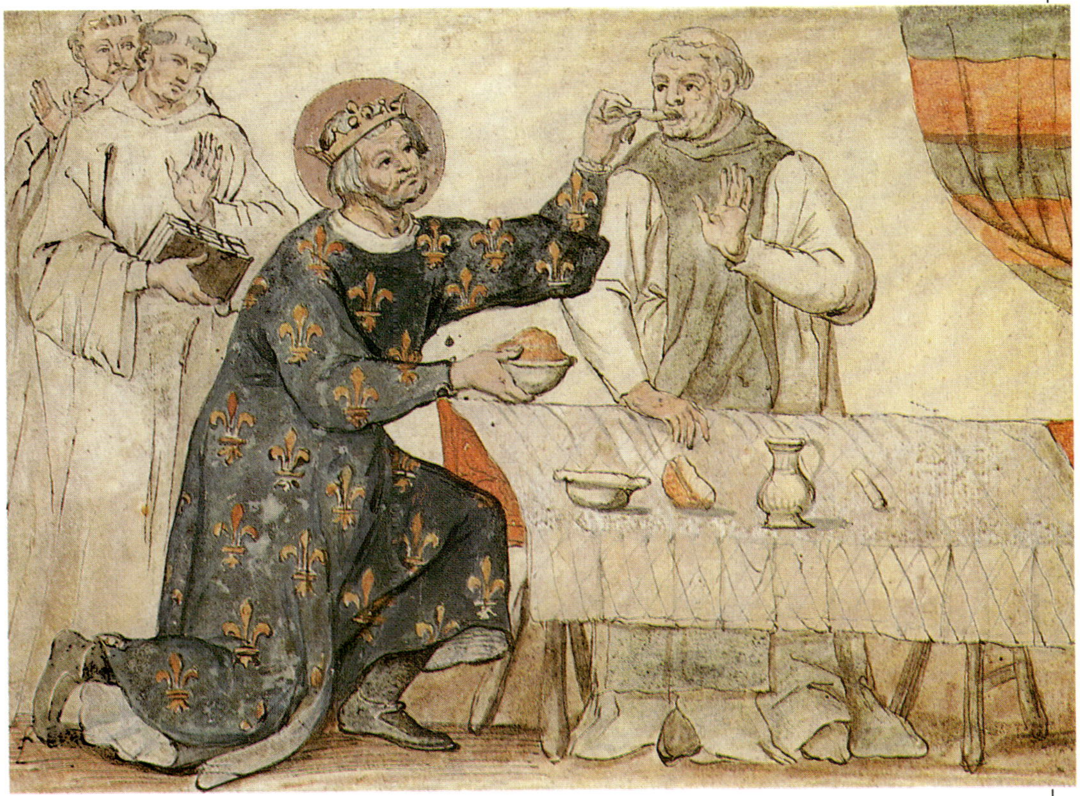

de ne point paraître aimer trop ta propre cause, jusqu'à ce que tu connaisses la vérité. » Toute sa vie il se conforma à ces préceptes de justice, à l'intérieur comme à l'extérieur du royaume ; à l'intérieur, où il fit, par exemple, indemniser tous ceux qui, dans les anciennes possessions des Plantagenêts, avaient été victimes des procédés trop expéditifs de la politique de ses prédécesseurs ; à l'extérieur, où il s'interdit toujours toute attaque armée contre les princes chrétiens, où il ne cessa d'intervenir en arbitre pour pacifier les situations de conflit et où il mérita d'être qualifié par un pape d'« ange de la paix ».

Cela ne l'empêchait pas de se montrer, quand cela était nécessaire, énergique et décidé. Il était jaloux de son autorité, prêt à la défendre contre tout empiétement, d'où qu'il vînt. Il aimait en toutes choses, nous dit Joinville, s'inspirer d'une parole de son grand-père Philippe Auguste : « Que nul ne peut bien gouverner sa terre s'il ne sait aussi hardiment et aussi durement refuser qu'il sait donner. » Roi autoritaire et modéré, héroïque et prudent, il avait l'esprit clair, la parole agréable, la décision prompte. Un heureux équilibre — mot qui le définit parfaitement — accordait ainsi ses qualités de chrétien, d'homme et de souverain.

Le gouvernement de Saint Louis. Pour être, comme il l'entendait, un souverain bien obéi, Saint Louis fut conduit à renforcer les moyens d'action dont la royauté disposait, dans le domaine royal comme dans le reste de la France. Dans le domaine, les baillis et les sénéchaux, chargés, depuis Philippe Auguste, de l'administration locale, furent soumis à l'inspection d'enquêteurs royaux, qui, en cas de besoin, se rendaient dans une région déterminée, entendaient les plaintes des populations et réprimaient les abus. De même, la monarchie surveilla de près les communes, ne cessant d'intervenir dans leurs affaires intérieures, leur imposant des maires de son choix, contrôlant leurs finances. Mais ce qui accrut surtout l'autorité du gouver-

△ **Saint Louis debout en majesté.** Le saint fut aussi un être de chair. Cette image de la fin du XIIIe siècle nous le montre barbu (il fut glabre jusqu'à son retour de Terre sainte) et amaigri par la maladie, les fatigues et les pratiques ascétiques. Archives nationales.
Phot. Bulloz.

La main de justice. Cet ▷ objet symbolisant la fonction judiciaire du souverain fut inconnu des premiers Capétiens. Il n'apparut dans la panoplie emblématique des rois de France qu'à la fin du XIIIe siècle, remplaçant, pour des raisons encore inexpliquées, le sceptre court. La main de justice reproduite ici a été faite pour le sacre de Napoléon Ier ; elle servit également pour celui de Charles X. C'est une main gauche, alors que la main de justice de l'Ancien Régime, détruite lors de la Révolution, était une main droite. Musée du Louvre.
Phot. Explorer Archives.

nement, ce fut le soin scrupuleux avec lequel Saint Louis exigea que, sur ses terres, la justice fût rendue dans les meilleures conditions. Lui-même aimait, le premier, donner l'exemple de l'importance qu'il attachait au bon fonctionnement de la justice royale. À Paris, il recevait volontiers les plaideurs dans sa chambre. Et, en été, comme l'a retenu sa légende, il allait parfois s'asseoir à Vincennes au pied d'un chêne et recevait pareillement les plaideurs, tranchant leurs causes.

En dehors du domaine, Saint Louis, qui, au début de son règne personnel, avait eu quelques difficultés pour faire reconnaître son pouvoir par certains grands seigneurs, fut décidé à faire partout triompher ses droits de suzerain. À l'exemple de Philippe Auguste, il imposa à tous les grands féodaux — même au roi d'Angleterre, qui restait son vassal pour l'Aquitaine — l'obligation de laisser leurs sujets s'adresser à la justice royale lorsque ceux-ci avaient à se plaindre d'un jugement des tribunaux locaux. Ces « appels au roi » se firent de plus en plus fréquents. De même, il imposa le cours forcé, dans tout le royaume, aux monnaies d'or et d'argent, qu'il fit frapper par les ordonnances de 1262, 1265 et 1266, alors que celles des seigneurs ne pouvaient plus circuler que dans leurs propres domaines. Enfin, son principal effort contre l'esprit d'indépendance féodale consista en fait à interdire, en 1258, le droit de guerre privée, et à faire de la monarchie l'arbitre et la gardienne vigilante de l'ordre intérieur du royaume.

À l'extérieur, Saint Louis manifesta surtout sa ferme et ardente volonté de rétablir la paix entre les rois chrétiens afin de les unir contre les musulmans et de reconquérir Jérusalem. C'est ainsi qu'il essaya à plusieurs reprises de réconcilier l'empereur Frédéric II et la papauté. C'est ainsi que lui-même se réconcilia avec le roi d'Angleterre, Henri III, et qu'il mit fin, en 1259, par le traité de Paris, à l'interminable conflit entre Capétiens et Plantagenêts. Pour obtenir ce résultat, il n'hésita pas à faire des sacrifices : en échange de l'abandon définitif par Henri III et ses successeurs des principales conquêtes de Philippe Auguste (Normandie, Maine, Anjou, Touraine, Poitou), il consentit à restituer au roi d'Angleterre les droits que Philippe Auguste avait acquis en Limousin, en Périgord et en Quercy. Malgré la protestation de son entourage, Saint Louis assura ainsi la paix entre les deux royaumes pour plus de trente ans.

La croisade d'Égypte. Au milieu de ses succès intérieurs et extérieurs, une

◁ **Saint Louis rendant la justice sous le chêne de Vincennes.** De toutes les fonctions que lui imposait son métier de roi, ce furent celles de juge que Saint Louis préférait exercer. Il fut toute sa vie un roi justicier. Joinville nous a le premier laissé la description du roi s'asseyant, après la messe, sous un chêne du bois de Vincennes et recevant tous ceux qui voulaient plaider une affaire « sans empêchement d'huissiers ». Lithographie du XIXe siècle.
Phot. Edimedia.

△ **Saint Louis recevant l'hommage du roi d'Angleterre Henri III** après la conclusion du traité de Paris (1259). Ce traité mettait fin au long conflit qui depuis plus d'un siècle opposait Capétiens et Plantagenêts. Il confirmait les conquêtes de Philippe Auguste mais annulait celles de Louis VIII. Miniature du XIVe siècle. B. N.
Phot. B. N.

grave maladie avait arrêté le roi. Il avait fait le vœu de se croiser s'il guérissait, et, dès lors, l'idée de croisade emplit sa vie. La croisade, au milieu du XIIIe siècle, n'était plus dans la logique des choses. C'était une faute politique, comme le sentaient bien Blanche de Castille et les principaux conseillers de Saint Louis. L'intérêt de la royauté et du royaume, l'esprit public, les fâcheux résultats' des dernières expéditions vers l'Orient, tout aurait dû retenir le roi en France. Mais le chrétien vainquit le roi.

En France même, l'ardeur était médiocre. Louis IX dut forcer un certain nombre de ses proches à prendre la croix. Enfin, au milieu de l'année 1248, les préparatifs terminés, la reine mère chargée du gouvernement, la paix publique jurée pour cinq ans par tous les barons, le roi partit avec sa femme, Marguerite de Provence, deux de ses frères, Robert et Charles, et une foule de chevaliers. Malade, seulement soutenu par sa foi, il embarqua à Aigues-Mortes le 28 août. Après un séjour de neuf mois dans l'île de Chypre, le cap fut enfin

Saint Louis naviguant vers l'Orient. Grâce au récit de Joinville, nous savons que la nef royale, qui transportait le roi et sa famille, était nommée *la Montjoye*. Elle arborait au sommet de son mât une croix et l'oriflamme de saint Denis. Miniature du XIVe siècle.
◁ *Phot. Explorer archives.*

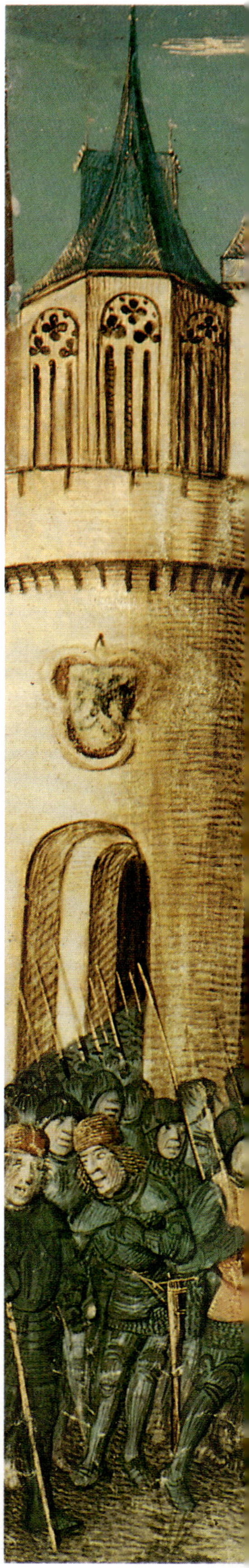

Vue des remparts d'Aigues-Mortes. Longtemps le domaine royal n'eut aucun accès à la Méditerranée. Le traité de Meaux, conclu entre le comte de Toulouse et le roi en 1229, apporta à ce dernier une partie de la côte languedocienne. Les ingénieurs royaux créèrent alors de toutes pièces un port dans le site marécageux d'Aigues-Mortes, dans la région occidentale du delta du Rhône.
▽ *Phot. Cuny-Explorer.*

△ **Embarquement de Saint Louis pour la croisade (1248).** Marseille, qui appartenait depuis peu à Charles d'Anjou, frère du roi, se trouvait en terre d'Empire. Saint Louis préféra donc embarquer à Aigues-Mortes, dont on achevait de construire le port fortifié. Cette ville, créée par Saint Louis et qui se trouve aujourd'hui à l'intérieur des terres, était alors sur le bord de la mer. Miniature du xve siècle.
Phot. B. N.

mis sur l'Égypte, car on pensait que menacer Le Caire était le meilleur moyen de faire rendre Jérusalem par le Sultan. Les croisés s'emparèrent facilement de Damiette, au mois de juin 1249, mais tardèrent ensuite à marcher sur Le Caire. Ils furent gênés par les crues du Nil, et durent livrer bataille dans de mauvaises conditions à Mansourah, en février 1250. Le frère préféré du roi, Robert d'Artois, emporté par sa folle bravoure, fut tué à l'avant-garde avec un grand nombre de chevaliers. Il fallut faire retraite dans des conditions désespérées, une effroyable épidémie ayant décimé une grande partie de la troupe. Le 5 avril, le roi, malade, fut fait prisonnier et ramené à Mansourah. Tombé aux mains des Mamelouks (qui venaient de renverser le Sultan), Saint Louis fut en grand péril, mais il montra un courage admirable et, dans l'adversité, impressionna même ses ennemis. Après des négociations difficiles et douloureuses, ceux-ci le relâchèrent contre la restitution de Damiette et une énorme rançon de 400 000 livres. La pauvre armée chrétienne put quitter l'Égypte, et le roi mit un point d'honneur à respecter scrupuleusement les conditions qu'il avait jurées pour sa libération.

Libre, Saint Louis s'attarda encore quatre années en Orient. D'Égypte, il gagna la Palestine et Saint-Jean-d'Acre. Malgré les

△ **Arrivée de la flotte royale devant Damiette.** Les croisés, qui s'étaient attardés à Chypre pendant neuf mois, arrivèrent enfin sur la côte d'Égypte en juin 1249. Ils s'emparèrent de Damiette en trois jours, sans aucune difficulté. Miniature du XVe siècle. B. N.
Phot. B. N.

Saint Louis fait prisonnier après la bataille de Mansourah. La fin de la bataille fut un véritable carnage. Le roi fut épargné grâce à l'intervention du nouveau Sultan. Mais ce dernier fut massacré quelques jours plus tard par les émirs des Mamelouks, et Saint Louis ▷ tomba alors aux mains d'une soldatesque dangereuse. Les négociations pour la rançon et celles du traité de libération furent longues et difficiles. Miniature du XVe siècle. B. N.
Phot. B. N.

messages de sa mère et les avis de son entourage — y compris celui du légat du pape —, qui le pressaient de revenir en France, il décida de rester et de continuer la croisade en Terre sainte, visitant les débris du royaume de Jérusalem (il ne vit jamais la Ville sainte), relevant les forteresses, rachetant les prisonniers, soignant les malades. Il offrit même au roi d'Angleterre de lui restituer la Normandie et le Poitou, à condition que ce prince le rejoignît en Terre sainte avec une armée. Ce que le roi d'Angleterre ne fit évidemment pas.

La mort de Blanche de Castille et le retour du roi. Dans sa ferveur de croisé, le roi semblait oublier son royaume. Celui-ci, cependant, connaissait des difficultés. Outre la menace constante d'une agression du roi d'Angleterre, la France était en proie à des troubles nouveaux et singuliers. Un vent de folie mystique était passé

◁ **Saint Louis en Palestine.** Libéré, le roi se rendit en Terre sainte, où il resta quatre ans. Ce fut un long pèlerinage, une œuvre pie, qui vit Saint Louis relever les débris du royaume de Jérusalem et faire restaurer plusieurs forteresses, comme ici Saint-Jean-d'Acre, où il mit dans des sacs les cadavres des chrétiens victimes des sarrasins. Miniature du xve siècle. B. N.
Phot. B. N.

Mort de Blanche de Castille. ▷ La reine mère, régente du royaume, mourut le 26 novembre 1252, à l'âge de 64 ans. Elle fut enterrée à l'abbaye de Maubuisson (aujourd'hui dans les Yvelines), qu'elle avait fondée. De Louis VIII, elle avait eu douze enfants, dont quatre seulement étaient encore en vie en 1252. Miniature du xve siècle.
Phot. B. N.

◁ **La croisade des pastoureaux (1251)** fut une forme de folie mystique parmi d'autres. Mais elle prit rapidement un tour violent et une ampleur considérable, et frappa le royaume alors que le roi se trouvait prisonnier en Orient. Que la régente et son entourage aient réussi à réprimer ce mouvement en quelques mois témoigne de la solidité de la monarchie et de la dynastie. Miniature du xve siècle.
Phot. B. N. · Arch. Snark · Edimedia.

sur les provinces du Nord et semblait gagner le pays tout entier. Des bergers, appelés « pastoureaux », se soulevèrent en Flandre et en Picardie, à l'appel d'un personnage mystérieux que l'on nommait le « Maître de Hongrie ». Ils disaient qu'ils allaient sauver le roi, trahi par ses chevaliers. De toutes parts, les bannis, les ribauds et les bandits se joignirent à eux. Ce fut bientôt une armée de cent mille hommes, horde de jacques déclarant la guerre aux nobles, aux prêtres et aux juifs. À Paris, à Orléans, à Bourges, les conflits entre les pastoureaux et la population furent sanglants. La régente, un moment étonnée par l'ampleur et le caractère mystique du mouvement, sut se reprendre et donna ordre aux officiers royaux d'organiser partout la guerre contre les pastoureaux. Ceux-ci furent alors poursuivis, repoussés vers le Midi, puis anéantis.

Ce fut le dernier service rendu au royaume par la régente. Saint Louis reçut la nouvelle de sa mort au début de l'année 1253. Mais il s'attarda encore une année en Terre sainte, dont il ne pouvait se déprendre. Ce ne fut que pendant l'été 1254 qu'il regagna son royaume.

La dernière croisade. Après son retour, et malgré les nombreuses tâches qu'il accomplit, la pensée quotidienne du roi était de reprendre la croix. En 1266, il s'en ouvrit enfin au pape Clément IV, dont il trouva l'enthousiasme refroidi. En fait, Saint Louis comprenait fort mal les affaires d'Orient, et rien à la politique musulmane. Il croyait qu'en Asie il était possible de convertir les Mongols et de s'en faire des

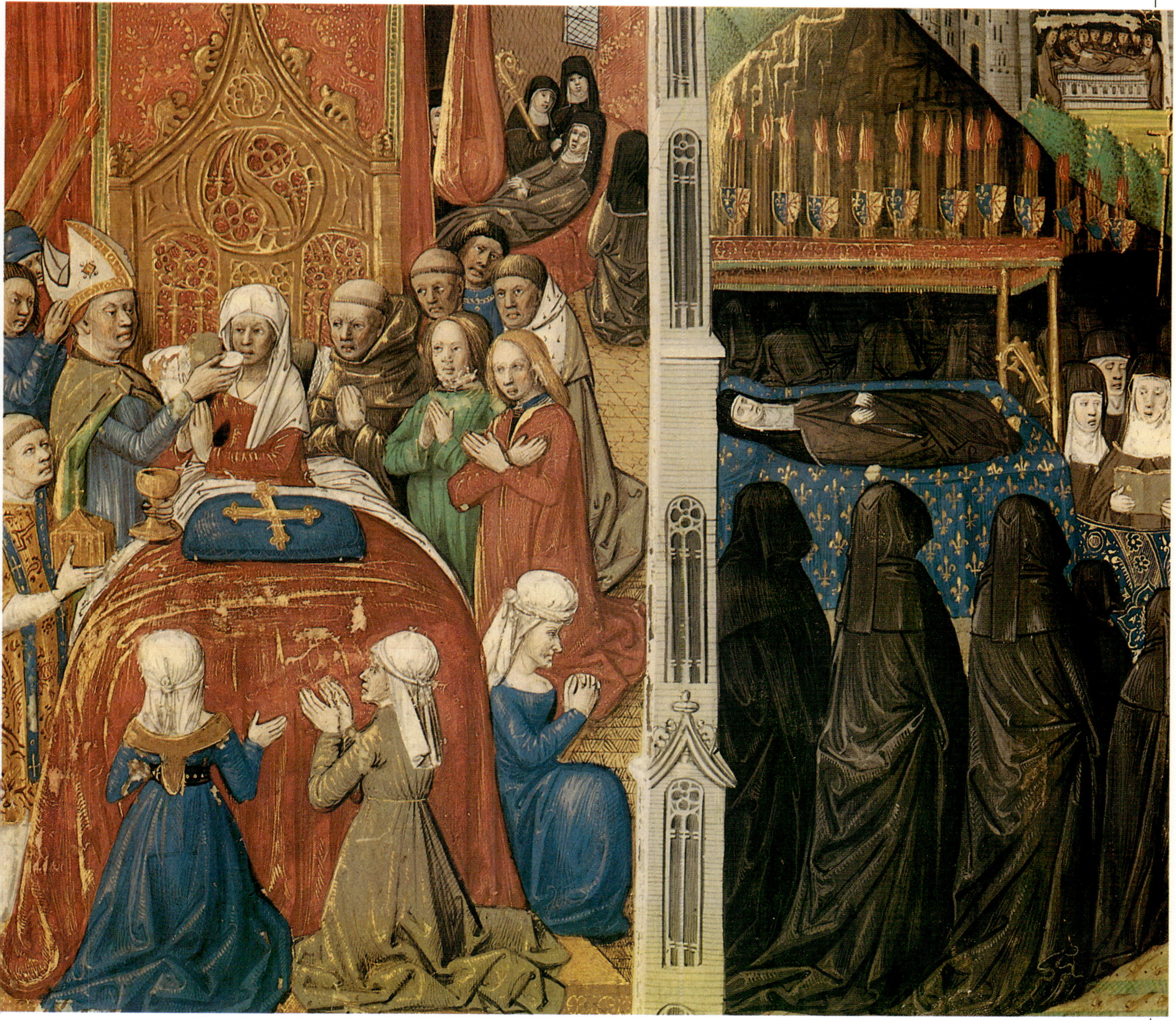

△ **Mort de Saint Louis sous les murs de Tunis.** Le roi avait 56 ans. Sa femme, Marguerite de Provence, épousée en 1234, morte en 1295, lui avait donné onze enfants. Parmi eux, Jean Tristan, le préféré du roi, né à Damiette en 1250 et mort à Tunis en 1270 trois semaines avant son père. Miniature du xve siècle.
Phot. Tallandier.

alliés contre l'islâm. Il crut à la sincérité de Michel VIII Paléologue, restaurateur, en 1261, de l'Empire byzantin, qui lui promit de réconcilier les Églises latine et grecque. Il croyait surtout ce que lui racontait l'un de ses confidents, le dominicain André de Longjumeau, et non son frère Charles d'Anjou (dont les visées sur Constantinople semblent avoir été contrariées par cette expédition) : que le pays de Tunis était le réservoir de la redoutable cavalerie musulmane d'Égypte ; que le sultan de Tunis brûlait de se convertir à la foi chrétienne ; que Tunis était, en fait, la clef de Jérusalem, et qu'il convenait de se rendre là-bas avant toute autre initiative.

Saint Louis se prépara donc pour la guerre sainte, où il devait périr — et la croisade avec lui. Le royaume était en paix, et le roi eut beaucoup de mal à réunir une armée. Les princes de la famille royale prirent la croix, mais bon nombre des barons, et même des plus fidèles compagnons du roi (ainsi Joinville), refusèrent de s'en aller courir de nouveaux hasards. Ceux qui se croisaient ne le faisaient plus pour Dieu, mais par peur de la colère du roi.

On s'embarqua donc imprudemment, au plus fort des chaleurs, le 1er juillet 1270, à Aigues-Mortes, après avoir longtemps attendu les vaisseaux génois qui devaient transporter les croisés en Afrique. Un mois après, l'armée, sur les ruines de l'ancienne Carthage, avait fondu sous un soleil torride, sans eau potable et sans autre ombrage que celui des oliviers rabougris. Les sarrasins, avec leurs machines de guerre, lançaient sur le camp français des nuages de sable brûlant. La dysenterie et la peste firent des ravages considérables. Le fils préféré de Saint Louis, Jean Tristan, mourut à l'âge de vingt ans. Le roi soigna les malades jusqu'au jour où il fut lui-même atteint par le fléau. Il mourut le 25 août 1270, juste au moment où arrivait enfin son frère Charles d'Anjou, qui défit les musulmans et négocia, en septembre, un traité avantageux pour son propre royaume de Sicile. Philippe III le Hardi, fils aîné de Saint Louis, ramena le corps de son père

△ **Ouverture du tombeau de Saint Louis lors du procès de canonisation.** Cette canonisation fut d'abord un acte politique. Elle fut arrachée par Philippe le Bel au pape Boniface VIII, qui longtemps se montra réticent à ranger au nombre des saints le grand-père du roi le plus puissant d'Occident, adversaire déclaré de la papauté. Miniature du XIVe siècle. Bibliothèque Mazarine, Paris.
Phot. J.-L. Charmet.

◁ **Philippe III ramenant le corps de Saint Louis.** Le retour de la malheureuse croisade fut long et désastreux. Philippe III perdit non seulement son père et son frère, mais aussi sa femme et plusieurs de ses oncles et cousins. Il dut affronter la tempête et l'épidémie. Parti de Tunis en novembre 1270, il n'arriva à Paris, avec la dépouille de son père, qu'au mois de mai suivant. Miniature du XVe siècle. B. N.
Phot. B. N.

en France, après un voyage de retour particulièrement difficile et malheureux, marqué par la disparition du roi de Navarre, Thibaut V de Champagne, et par celle de la nouvelle reine, Isabelle d'Aragon.

Le règne de Philippe III le Hardi. Philippe n'était que le second fils de Saint Louis. Son frère aîné, nommé Louis, était mort en 1260. Le nouveau roi était un personnage assez faible, dominé par son entourage et totalement écrasé par le prestige de son père. Le début de son règne fut néanmoins marqué par des accroissements considérables du domaine royal et par un renforcement du pouvoir capétien.

Philippe hérita en effet des immenses possessions de son oncle Alphonse de Poitiers, décédé en 1270, et de sa tante Jeanne de Toulouse, morte en 1271 au retour de l'expédition de Tunisie : possessions qui comprenaient le comté de Toulouse, le Rouergue, le Quercy, l'Agenais, l'Aunis, une partie de l'Angoumois et de la Saintonge, le Poitou, l'Auvergne et le marquisat de Provence, dont Philippe détacha plus tard (1274), pour la papauté, le comtat Venaissin.

Philippe le Hardi fut le premier roi capétien à abandonner le pouvoir à un véritable favori, Pierre de la Broce (de 1271 à 1278), qu'il finit par sacrifier sur les instances de sa seconde femme, Marie de Brabant. Ce fut également elle qui introduisit à la cour du roi de France les débuts d'un embryon d'étiquette et un certain nombre de transformations dans la mise en scène de la personne du roi et de sa famille. Mais, plus encore que sous la coupe de sa femme, Philippe fut sous celle de son oncle Charles d'Anjou — le prince capétien le plus puissant d'Europe —, dernier frère de Saint Louis. Il inspira à son faible neveu une politique extérieure aventureuse qui se solda par différents échecs.

Après avoir vainement été candidat à l'élection impériale en 1273, Philippe III tenta, en effet, par deux fois, de s'emparer de la couronne de Castille ; puis il intervint dans les affaires complexes de succession au trône d'Aragon : il en fit donner la couronne, par le pape Martin IV, à son fils cadet, Charles de Valois, au nom duquel il l'accepta le 22 février 1284 ; il réunit alors une puissante armée et entra en Roussillon au printemps de 1285. Après la prise d'Elne, le 25 mai, et celle de Gerone, le 5 septembre, la flotte fut détruite à Las Hormigas et les troupes françaises, décimées par les maladies, furent obligées de se retirer. Malade lui-même, le roi mourut à Perpignan le 5 octobre 1285. La première entreprise militaire capétienne hors du royaume avait échoué.

La naissance du parlement et des légistes. Apparemment terne, le règne de Philippe III fut important dans plusieurs domaines, et spécialement dans celui de l'organisation de l'appareil d'État et du pouvoir central. Il vit, entre autres créations, celle de ce que l'on appellera plus tard le parlement, c'est-à-dire la plus haute cour de justice du royaume. À l'origine, soit à la fin du règne de Saint Louis et au début de celui de son fils, ce parlement n'était rien d'autre que la cour du roi, la *curia regis,* siégeant en session judiciaire trois ou quatre fois chaque année. Et ce nom très général de « parlement » était celui que l'on donnait à toutes les assemblées dans lesquelles le roi réunissait ses conseillers et ses vassaux. Désormais, ce fut le nom d'un tribunal supérieur à tous les autres. Devant lui furent portées, non seulement en appel, mais aussi très souvent en première instance, un très grand nombre d'affaires. Il n'était encore ni permanent ni sédentaire, mais il était convoqué très fréquemment, et presque toujours à Paris, au palais de la Cité.

Une modification importante se produisit alors dans le personnel et dans les habitudes de cette section de la cour du roi devenue le parlement. Les affaires beaucoup plus nombreuses, la procédure plus compliquée, la nécessité de conduire des enquêtes, de recueillir et de coordonner des témoignages, tout cela n'était guère de la compétence des barons et des chevaliers, ni même des évêques et des abbés, qui, jusqu'alors, formaient la majorité de la cour. En conséquence, on leur donna des auxiliaires, spécialisés dans le droit et dans la procédure, qui ne tardèrent pas à devenir des rivaux et finirent par rester maîtres de la place. Ce furent d'abord, sous Saint Louis, de simples clercs, souvent des frères mineurs ; puis, sous le règne de Philippe III, des laïques, bourgeois ou petits nobles. Ce furent eux qui finirent par dominer, chassant les nobles et les prélats. Les légistes étaient nés. Ils allaient tenir un rôle considérable dans la gestion des affaires du royaume.

◁ **Sacre de Philippe III.** Il eut lieu douze mois après l'avènement du roi, le 15 août 1271, dans la cathédrale de Reims, toujours inachevée. Le nouveau roi avait vingt-cinq ans. Toute sa vie il voua un culte immodéré à la mémoire de son père. Miniature du XIVe siècle.
Phot. Giraudon.

Sceau équestre de Philippe III le Hardi avant son avènement (1267). ▷ Le jeune prince est représenté en chevalier ; il porte sur son écu, sa cotte d'armes et la housse de son cheval les mêmes armoiries que son père, semées de fleurs de lys sans brisure, comme le faisait déjà du vivant de Philippe Auguste le futur Louis VIII. Philippe le Bel sera le premier fils aîné du roi à introduire une brisure dans les armes royales. Archives nationales.
Phot. Lauros-Giraudon.

Page suivante :
Une page du psautier de Saint Louis. Ce manuscrit de grand luxe fut exécuté entre 1255 et 1265 dans un atelier parisien. Les peintures à pleine page, au nombre de 78, constituent le sommet de l'enluminure gothique parisienne du XIIIe siècle. Elles accordent une grande place aux éléments architecturaux, qui rappellent les réalisations monumentales du règne, notamment la Sainte-Chapelle.
Phot. Giraudon.

XIIe-XIIIe siècle Aspects de la France capétienne

Ce fut aux XIIe et XIIIe siècles que la civilisation du Moyen Âge atteignit en France son plein développement. Grâce à des conditions politiques plus favorables, aux progrès de l'ordre, à l'expansion de l'autorité royale et à l'augmentation continue de la population, on assista à une reprise importante de l'activité économique, très ralentie depuis l'époque des grandes invasions du Ve siècle. L'agriculture profita des défrichements de terres nouvelles et de la diminution du servage. Malgré des instruments et des pratiques agricoles encore très imparfaits, la production augmenta, et la vie des paysans s'améliora. Les campagnes françaises connurent au milieu du XIIIe siècle une prospérité qu'elles ne retrouvèrent pas avant cinq siècles. Ce fut le « bon temps du roi Saint Louis ».

De même, à partir du XIe siècle, les villes, tombées en complète décadence au lendemain des invasions, reprirent de l'importance. L'artisanat et l'industrie se réorganisèrent sur des bases nouvelles, celles des corps de métiers, qui unissaient obligatoirement tous les travailleurs d'une même profession et dont les règlements veillaient à la bonne qualité des objets fabriqués. Plusieurs régions commencèrent alors de se spécialiser dans certains produits. Le développement des marchés et des foires, le renouveau du grand commerce accélérèrent celui de l'économie et contribuèrent à l'apparition d'une nouvelle classe sociale : celle des marchands.

Parallèlement, le rôle de l'Église et son emprise sur la société s'accrurent. L'influence des deux clergés, le séculier et le régulier, devint déterminante, dans un monde où la foi était très vive et où ils représentaient le savoir. Malgré des abus, et notamment la transformation de certains prélats en véritables seigneurs féodaux, l'Église sut se réformer à plusieurs reprises et mettre son autorité au service des faibles pour atténuer la rigueur du régime seigneurial. Les ordres monastiques, et tout spécialement les nouveaux ordres mendiants, apparus au début du XIIIe siècle, jouèrent un rôle prépondérant dans cette évolution et dans le dynamisme de la vie intellectuelle. L'enseignement se développa dans les écoles monastiques et épiscopales ; et l'afflux des étudiants vers certaines villes où professaient des maîtres prestigieux favorisa l'apparition des premières universités. La plus ancienne fut celle de Paris, dont l'émergence se situa au début du XIIIe siècle.

Ainsi, après la période de demi-obscurité où le royaume de France se trouvait plongé depuis l'époque mérovingienne, ce fut enfin le temps du progrès.

◁**La mer.** Contrairement à l'Antiquité, l'Occident médiéval fut relativement lent à s'éveiller aux activités maritimes. Ce ne fut qu'au lendemain de l'an mil que la Méditerranée et la mer du Nord furent continuellement traversées par les hommes et par les marchandises. Mais la mer resta longtemps pour l'homme du Moyen Âge le symbole du monde changeant et instable, le lieu de tous les dangers et de toutes les métamorphoses inquiétantes. Miniature du XIVe siècle.
Phot. Lauros-Giraudon.

Deux grands siècles au cœur du Moyen Âge

AUX XIIe ET XIIIe SIÈCLES, l'immense majorité de la population française était composée de paysans. Ils vivaient dans des hameaux ou des habitations isolées, plus souvent dans des villages. Presque partout, la tendance était au démembrement des grands domaines de l'époque carolingienne. Le partage des fiefs entre les enfants du seigneur, les donations aux églises et le défrichement de terres nouvelles avaient, à partir du XIe siècle, favorisé le morcellement du sol. Malgré le développement d'un certain mouvement urbain, les villes, c'est-à-dire les agglomérations de plus de mille habitants, restaient rares. En cas de danger ou de nécessité, on se réfugiait dans les abbayes et les châteaux, presque tous édifiés en milieu rural.

Les paysans. Le statut juridique des paysans était variable selon les régions. On distinguait les libres et les serfs. Les premiers pouvaient quitter le domaine seigneurial, se marier où ils voulaient et transmettre leurs terres à leurs héritiers. Ils étaient cependant astreints à un certain nombre de redevances et de corvées, mais dont les modalités étaient fixées une fois pour toutes. Les seconds, au contraire, étaient « attachés à la glèbe », c'est-à-dire à la terre du domaine qu'ils n'avaient pas le droit de quitter et avec laquelle on les vendait. Si l'un d'eux se sauvait, le seigneur, en vertu du droit de suite, pouvait le faire arrêter là où il s'était réfugié. Il leur était également interdit de se marier hors du domaine sans l'autorisation (payante) du seigneur. À leur mort, ce dernier pouvait

◁**Travaux champêtres et forestiers.** Cette miniature du XVe siècle réunit en une seule scène tous les moments de l'année agricole, de la moisson à la glandée du porc. Bibliothèque de l'Arsenal. Coll. Lousat.
Phot. Explorer Archives.

Au XIIe siècle, les instruments aratoires constituaient un certain progrès par rapport à l'araire primitive. Miniature du XIIe siècle. Bibliothèque municipale de Tours.
▽ *Phot. Explorer Archives.*

reprendre leurs biens en vertu du droit de « mainmorte » (en effet, ils n'avaient pas la possibilité de les transmettre, leur « main étant morte ») ; s'ils les laissaient à leurs héritiers, ceux-ci étaient astreints à une redevance spéciale. Enfin, leurs obligations en matière de redevances et de corvées n'étaient pas fixées ; dépendant du bon plaisir des maîtres de la terre, elles étaient beaucoup plus lourdes que celles des libres. On disait ainsi d'eux qu'ils étaient « taillables et corvéables à merci ».

Il y avait en France, à la différence des pays d'Empire par exemple, moins de serfs que d'hommes libres. Leur nombre fut cependant particulièrement élevé dans l'est du royaume, mais il diminua du XIe au XIVe siècle en raison des multiples affranchissements qui furent « consentis » par les seigneurs, avec l'accord du suzerain, particulièrement généreux à l'égard des habitants du domaine royal à la fin du XIIIe et au début du XIVe siècle. Mais il est vrai que ce dernier leur faisait payer le prix de leur liberté, selon une pratique instaurée au temps des croisades par la masse des chevaliers, qui avaient besoin de beaucoup d'argent pour s'équiper et entreprendre la longue et coûteuse expédition d'Orient.

Libres ou non libres, les paysans supportaient presque tout le poids d'un tel régime. Sans eux, les autres classes sociales seraient mortes de faim. Et, bien souvent, leurs anciens protecteurs, les seigneurs laïcs ou ecclésiastiques, étaient devenus de véritables oppresseurs. Les corvées, c'est-à-dire les travaux obligatoires sur les terres dont ils se réservaient la jouissance, s'étaient multipliées : corvées de labour, d'ensemencement, de moisson ; corvées de fenaison, de vendange, de nettoyage, de charroi. De même avait augmenté le prix des banalités, c'est-à-dire les redevances en argent pour l'usage obligatoire des biens d'équipement seigneuriaux : moulin, pressoir à raisins et four à cuire le pain. Quant aux autres redevances, en nature (porcs, moutons, poules, partie des récoltes) et en argent (cens...), elles restaient innombrables et difficiles à supporter. À cela s'ajoutaient les pillages — surtout les incendies provoqués par les guerres féodales — et la tyrannie quotidienne des baillis, des prévôts et de la plupart des agents domaniaux (meunier, forestier, fournier, etc.).

L'Église, autrefois tutrice naturelle des paysans, était elle-même devenue une puissance féodale et donc foncière. Elle en avait les appétits et y ajoutait ses revendications propres, notamment la dîme, à laquelle les cultivateurs essayaient constamment de se soustraire. Aussi, depuis l'an mil, l'Église enseignait-elle que l'inéga-

△ **Épisode d'une révolte paysanne.** À partir de la fin du XIIIe siècle, la campagne devint un lieu de violentes tensions sociales. Celles-ci s'accentuèrent avec la misère et les guerres du siècle suivant, et la lutte, longtemps endémique, entre seigneurs et paysans se transforma souvent en véritables jacqueries, toujours cruellement réprimées. Miniature du XVe siècle.
Phot. Arch. Snark/Cl. B. N.-Edimedia.

lité sociale était d'ordre divin et que chacun devait s'y plier et accepter l'obéissance qui lui était demandée. Révoltes et rébellions furent cependant nombreuses, mais elles connurent rarement une ampleur dépassant un cadre local ou régional, avant la grande jacquerie du milieu du XIVe siècle en France.

L'agriculture. La majorité des habitants étant rurale, l'agriculture constituait la principale ressource du royaume. Pendant de longs siècles, son développement avait été entravé par l'insécurité générale, résultant des invasions et des guerres privées. Mais, à partir du XIIe siècle, les conditions étaient devenues meilleures : Normands, Hongrois et musulmans avaient cessé leurs ravages et, presque partout, le pouvoir royal ou comtal devenait assez fort pour diminuer les causes de désordre. En outre, la création des grands ordres religieux, notamment des Cisterciens, avait beaucoup fait pour multiplier le défrichement des forêts et des landes et le dessèchement des marais. Tous ces facteurs, joints au recul généralisé du servage, favorisèrent l'extension des terres ensemencées. Certes, les procédés restaient rudimentaires, les instruments de travail étaient médiocres (la charrue n'était toujours pas montée sur roue mais avait déjà parfois un soc de fer) ; par contre, le marnage et le chaulage étaient pratiqués dès le IXe siècle, et, au XIe et au XIIe siècle, le recours aux engrais animaux, humains et même végétaux se répandit.

Mais l'augmentation des surfaces mises en valeur et celle, constante, de la population permirent une production plus abondante. Grâce à l'amélioration de la sécurité, on put également se procurer plus facilement les denrées alimentaires des contrées voisines, voire de provinces éloignées. On cessa donc de semer partout, coûte que coûte, comme jadis, toutes les plantes nécessaires à la vie matérielle, même si le sol ou le climat s'y prêtaient mal. Progressivement, chaque région se

◁ **Agent seigneurial surveillant le travail des paysans.** Le domaine du seigneur se composait de deux parties : l'une, la réserve, qu'il exploitait pour son propre compte, grâce aux corvées, c'est-à-dire au travail forcé des paysans; l'autre divisée en petites parcelles, concédées à des paysans, qui, en échange, fournissaient au seigneur une part de leur production ainsi que des services en travaillant sur la réserve. Là, ils étaient surveillés par un agent seigneurial, qui rythmait leurs activités au son d'une corne (l'ancêtre du sifflet). Dessin du XIVe siècle.
Phot. Edimedia.

Moissonneurs rentrant les céréales. Dans une France qui était encore souvent celle de la faim, la moisson — plus tardive que les moissons d'aujourd'hui — constituait le temps fort de l'année agricole. Elle se faisait selon des méthodes et s'accompagnait de rituels qui n'ont pas changé jusqu'au milieu du XVIIIe siècle. Les principales céréales cultivées étaient le blé, l'orge, l'avoine et le seigle. Sous forme de bouillies et de galettes, elles étaient la base de la nourriture paysanne. Miniature du XIVe siècle. ▷
Phot. Edimedia.

spécialisa dans les produits qui étaient les mieux adaptés aux conditions locales et qui donnaient donc de meilleurs rendements, quitte à acheter les autres au dehors. C'est ainsi que la Bourgogne et le Bordelais donnèrent plus d'importance aux vignobles, le Midi toulousain au pastel. Et, partout, subsistaient et se dévelop-

▽ **Les travaux d'automne :** ▷ la vendange et la menée des porcs à la glandée. Détails de deux miniatures du XIVe siècle. Musée Jacquemart-André.
Phot. Bulloz.

paient les cultures alimentaires traditionnelles (blé, seigle, millet). Du XIe au XIIIe siècle, les progrès furent tels qu'on a pu dire que les paysans français de l'époque de Saint Louis connurent un (relatif) état de bien-être que leurs descendants ne retrouvèrent pas de sitôt, peut-être pas avant le milieu du XVIIIe siècle.

Les progrès de l'industrie. Dans les villes, le développement de l'industrie alla de pair avec celui de l'agriculture dans les campagnes. Il accompagna la renaissance de la vie urbaine qui avait marqué les XIe et XIIe siècles et qui demandait, pour répondre aux besoins divers des habitants, l'ouverture d'ateliers et d'officines de toutes sortes. On vit ainsi, dans les grandes villes, des rues entières devenir le lieu privilégié de certaines fabrications, comme l'attestent encore parfois les noms que ces rues ont gardé : ainsi, à Paris, les rues de la

Une forge. Comme le moulin, la forge était l'un des principaux lieux de rencontre des habitants de la seigneurie. Et, comme le meunier, le forgeron était un artisan hors du commun, jouant souvent dans la littérature et dans l'imaginaire le rôle d'un véritable sorcier, doté de pouvoirs supérieurs. C'est lui qui fabriquait les armes et les outils, instruments essentiels de la civilisation occidentale. Miniature du XIVe siècle. ▷
Phot. Jean Vigne.

△ **Bruges et ses canaux.** Située dans les limites du royaume de France, la ville était le principal port du comté de Flandre ; elle dut sa fortune à l'essor de l'industrie textile. Des marchands de toute l'Europe y établirent progressivement des comptoirs et en firent l'une des premières places bancaires et commerciales de la chrétienté. Au milieu du XIVe siècle, Bruges avait environ 50 000 habitants et était la ville la plus riche d'Europe. L'une des plus agitées aussi, comme le montrèrent les révoltes conduites par les Artevelde.
Phot. Toni Schneiders, Lindau (B.).

Les cloches de Salomon. Objets sacrés, les cloches, celles du « moûtier » (monastère) dans les campagnes et, à partir du XIVe siècle, celles du beffroi dans les villes, rythmaient la vie quotidienne des hommes du Moyen Âge. Leur fabrication constituait une industrie très active, qui favorisa les progrès de la métallurgie. Miniature du XIIe siècle.
▽ *Phot. Jean Vigne.*

Sellerie, de la Ferronnerie, de la Parcheminerie, les quais des Orfèvres et de la Mégisserie. En même temps, certains centres, favorisés par leur situation et par la facilité de se procurer telles ou telles matières premières, se spécialisèrent dans la production d'articles qui firent rapidement leur réputation : les villes de Flandre (Lille, Gand, Ypres, Bruges) et d'Artois, dans celles des draps de qualité ; les villes de la Meuse, dans celles des ustensiles de cuivre battu, etc. À Paris, sous Saint Louis, il n'y avait pas moins d'une centaine de professions se rapportant à toutes les formes de la vie artisanale et industrielle, depuis

les tisserands et les meuniers jusqu'aux verriers (peintres sur vitrail) et aux « ymagiers » (sculpteurs). Étienne Boileau a pu réunir, à la fin du règne de Saint Louis, les règlements de toutes ces professions dans son célèbre *Livre des métiers.*

Les métiers. Le travail artisanal et industriel était en effet fortement réglementé. Tous les travailleurs devaient se grouper obligatoirement par métiers, dont les statuts ne laissaient que peu de libertés. Ces métiers tenaient leurs origines dans les associations pieuses et charitables (confréries, fraternités, etc.) qui, à partir du XIe siècle, avaient regroupé les artisans d'une même profession pour célébrer en commun certaines fêtes — celle du saint patron notamment — et venir en aide à leurs membres dans le besoin. Au XIIe siècle,

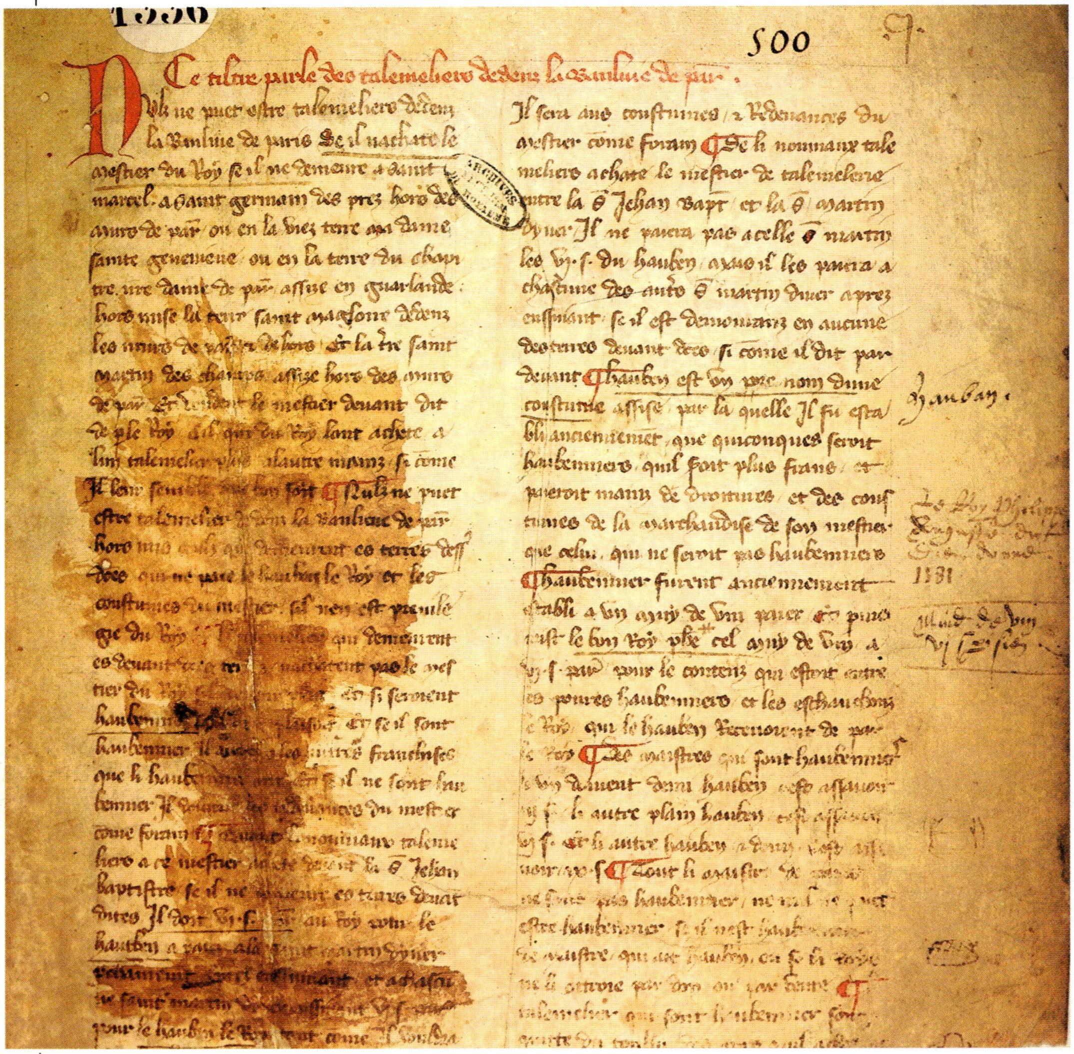
500

Ce titre parle des talemeliers dedens la banlieue de paris.

△Le *Livre des métiers* **d'Étienne Boileau.** Dans ce recueil, compilé vers 1260-1270, le prévôt Boileau mit par écrit les statuts et les règlements des quelque 130 corps de métiers parisiens. Ici, la page concernant les boulangers.
Phot. Jean Vigne.

Un marché parisien. À partir du XIIIe siècle, l'essor des activités commerciales contribua à la naissance de quartiers nouveaux, les bourgs, situés près du port ou du marché des grandes villes. À Paris, de nombreux « faubourgs » eurent ainsi un marché pour origine. Miniature de la fin du XVe siècle.▷
Phot. Marie-Christiane Cauboue.

ces associations avaient pris un caractère nettement juridique et réglementaire. Elles se composaient de trois catégories de membres : les apprentis, les ouvriers et les maîtres.

Les premiers commençaient à travailler vers douze ans, et leur apprentissage durait jusqu'à ce qu'ils eussent appris leur métier dans toute son étendue ; par exemple, deux ans chez les cuisiniers, six chez les maçons, dix chez les orfèvres. Pendant toute cette période, ils logeaient chez un patron, à qui ils avaient payé, en entrant, une somme convenue, mais qui, en échange, les logeait, les nourrissait et veillait à leur formation. L'apprenti qui avait fini son apprentissage devenait ouvrier et s'embauchait pour une durée déterminée (un an, une semaine, une journée) chez un nouveau patron. Le travail durait du lever du soleil à la tombée de la nuit, avec deux pauses pour les repas. Les jours fériés étaient nombreux. Pour devenir maître, il fallait subir un examen attestant les capacités du candidat (la réalisation du « chef-d'œuvre » ne date que de la fin du Moyen Âge). Dans chaque ville, les maîtres de chaque métier élisaient les *gardes et jurés*, dont le rôle consistait à veiller à l'application des règlements.

Ceux-ci indiquaient expressément les matières premières à employer, déterminaient les méthodes à suivre, fixaient les prix de vente et les salaires des ouvriers. Tout était réglementé au détriment des initiatives individuelles et des progrès de fabrication. Au reste, on se méfiait de ces derniers ; les procédés consacrés par l'usage étaient seuls admis et les nou-

△L'officine d'un changeur. À partir du XIIe siècle, le développement du grand commerce profita surtout aux Allemands et aux Italiens. Ces derniers s'installèrent comme changeurs (à la fois banquiers et agents de change) dans tout l'Occident. On les appelait « Lombards » et, comme les Juifs, on ne les aimait guère. Miniature du XVe siècle. British Museum.
Phot. British Museum.

veautés tombaient sous le coup des prohibitions. Les prix restaient élevés, la concurrence n'existait guère ; mais le travail était de qualité et l'entente généralement bonne entre les différents maîtres et entre les patrons et les ouvriers. Malgré l'existence de conflits, surtout dans les grands ateliers — les plus anciennes grèves semblent s'être produites à Évreux en 1224, à Douai (« Takehans ») et à Rouen en 1245 —, il n'y eut guère de crise grave, et la petite industrie devait connaître une certaine prospérité jusqu'à la fin du XIIIe siècle.

L'essor du commerce. De l'industrie artisanale au commerce la distance était souvent courte, car beaucoup de fabricants vendaient eux-mêmes leurs produits ; tout atelier était en même temps une boutique. Toutefois, les routes devenant plus sûres, les échanges se développèrent à moyenne et à grande distance et favorisèrent la multiplication des marchés et des foires. On vit apparaître une classe nouvelle, celle des marchands, qui servaient d'intermédiaires entre les producteurs et les acheteurs et qui, de ce fait, avaient du mal à trouver leur place au sein du strict système économique et social de la France féodale. Pour mieux se défendre, ces marchands se regroupaient en associations, *guildes* ou *hanses.* Certaines devinrent très puissantes, et sous leur impulsion on vit renaître un grand commerce international, tant terrestre que maritime.

À l'échelon local, les marchés étaient, suivant l'importance des villes, hebdomadaires, bihebdomadaires ou quotidiens. À l'échelon provincial, les foires étaient plus saisonnières et pouvaient être le lieu de véritables affaires internationales, les produits régionaux s'échangeant contre les produits étrangers, et les produits exotiques voisinant avec les produits occidentaux. En France, les foires les plus actives et les plus renommées étaient celle de Beaucaire, celle du lendit à Saint-Denis, et surtout celles de Champagne (Troyes, Provins, Bar-sur-Aube et Lagny). Se succédant pendant presque toute l'année, elles firent la fortune des changeurs et des banquiers en même temps que des gros marchands. En échange des privilèges qu'ils en recevaient, ils étaient souvent contraints de devenir les financiers des rois et des princes, car, bien plus que l'industrie, c'était le commerce qui permettait d'édifier de grosses fortunes. Les foires firent également faire aux techniques commerciales des progrès considérables. Malgré les interdictions de l'Église, elles assurèrent le développement du prêt à intérêt (avec parfois des taux très élevés), de la vente à terme et de la lettre de change.

L'Église. La France chrétienne était divisée en circonscriptions, à la tête desquelles étaient placés les archevêques et les évêques. Les premiers résidaient dans les chefs-lieux des anciennes provinces de l'Empire romain (Lyon, Sens, Tours, Rouen, Bourges, Reims, Bordeaux, Auch, Nar-

◁ **Les dignitaires ecclésiastiques : pape, évêque et abbés.** Sous l'autorité du pape, les membres du clergé, ou clercs, se divisaient en deux groupes : le clergé séculier (évêques, curés, vicaires, etc.) vivait dans le siècle, tandis que le clergé régulier vivait hors du monde, dans des monastères, où il était astreint à l'observance d'une règle. Lettre ornée du XIIIe siècle. Bibliothèque municipale de Laon.
Phot. Lauros-Giraudon.

Le diable dévoreur d'hommes. ▷ Pour les hommes des XIIe et XIIIe siècles, la plus grande peur était celle du diable et de l'enfer, promis à la majorité de l'humanité pécheresse. La figure de Satan, encore discrète pendant le haut Moyen Âge, s'affirma à partir du XIe siècle. Ce fut une création de la société et de la mentalité féodales, qui en firent l'image du vassal félon et du monstre apocalyptique. Miniature du XIIIe siècle. Bibliothèque municipale de Cambrai.
Phot. Jean Vigne.

bonne) et exerçaient leur juridiction et leur autorité sur tous les évêques suffragants. Toutefois, cette prééminence était surtout honorifique. La circonscription religieuse véritable était le diocèse, dirigé par l'évêque. Celui-ci devait, en théorie, être élu par le clergé et le peuple du diocèse, mais les rois, les princes et le pape étaient de plus en plus souvent intervenus pour imposer les candidats de leur choix. Au XIIIe siècle, l'accord du monarque et du souverain pontife était devenu indispensable.

Le pouvoir de l'évêque était d'abord religieux. Il conférait l'ordination aux prêtres, consacrait les églises, bénissait les cloches

et les cimetières. Par ailleurs, il présidait un tribunal particulier, l'*officialité,* dont les sentences s'appliquaient aussi bien aux clercs que, dans certains cas, aux laïques. Et, pour faire respecter ses décisions, il disposait de deux armes redoutables : l'excommunication et l'interdit. Par l'excommunication, il défendait à un fidèle de recevoir aucun sacrement et d'avoir des relations avec les autres chrétiens. La publication de la sentence se faisait avec une mise en scène impressionnante : dans la cathédrale tendue de draperies funèbres, l'évêque, entouré de ses chanoines, lisait, à la lueur de quelques cierges, la condamnation et la formule d'anathème. L'excommunié ne pouvait ensuite obtenir l'absolution qu'après une spectaculaire pénitence publique. De même, pour briser la résistance d'un puissant seigneur, l'évêque pouvait jeter l'interdit sur son territoire : les cérémonies religieuses n'y étaient plus célébrées et les sacrements autres que l'extrême-onction n'y étaient plus administrés. En associant les habitants au châtiment de leur seigneur, l'Église provoquait, en général, des soulèvements populaires et la rébellion des vassaux, déliés de leur serment de fidélité. À partir du XIIIe siècle, le pouvoir des évêques diminua, non seulement en raison de l'extension de l'autorité royale (d'où de fréquents conflits de compétence), mais surtout parce que les papes prirent l'habitude d'envoyer dans les diocèses, soit temporairement soit à titre permanent, des membres de leur entourage, les légats, pour en contrôler l'administration.

Dans les paroisses, les curés, au contact des fidèles, avaient la charge de célébrer les offices et d'administrer les sacrements. Leur nomination dépendait moins de l'évêque que du *patron* local, habitant notable ou seigneur, qui avait souvent fait construire une partie de l'église à ses frais. À ce titre, ce dernier exerçait un droit de présentation. En fait, il désignait le curé, auquel l'évêque était pratiquement obligé d'accorder ensuite l'investiture. D'où de fréquents abus, surtout dans les campagnes, où ce choix ne s'accompagnait pas toujours des garanties religieuses suffisantes.

Les ordres monastiques. Contrairement aux évêques et aux curés, les religieux, très nombreux dans la France des XIIe et XIIIe siècles, ne vivaient pas au milieu de leurs contemporains, mais dans des monastères, des couvents ou des abbayes, où ils suivaient des règles de vie édictées par le fondateur de leur ordre. On appelait *ordre* l'ensemble des moines sui-

△**Cloître de l'abbaye cistercienne de Fontenay (Côte-d'Or).** Achevés au milieu du XIIe siècle, les bâtiments de Fontenay, fille de Clairvaux, représentent un des plus parfaits et des plus complets ensembles de construction monastique des premières années de l'ordre de Cîteaux.
Phot. Giraudon.

vant la même discipline et portant le même costume (au Moyen Âge, l'habit fait souvent le moine). Chaque monastère était placé sous l'autorité d'un abbé, élu par les moines pour sa vie durant. Jusqu'au Xe siècle, l'ordre de beaucoup le plus répandu avait été celui des Bénédictins. Puis des ordres nouveaux s'étaient fondés, dont la règle était, du reste, imitée de celle de saint Benoît : ainsi l'ordre de Cluny, fondé en Bourgogne en 910 et qui acquit rapidement un très grand prestige ; ainsi l'ordre des Chartreux, fondé par saint Bruno en 1084 près de Grenoble et dont la règle dépassa en austérité celle des Clunisiens ; ainsi enfin l'ordre de Cîteaux, créé en 1098 près de Dijon, dont la maison la plus célèbre fut celle de Clairvaux (aujourd'hui dans l'Aube), établie en 1115 par saint Bernard.

Dans la vie des campagnes, le rôle du clergé régulier fut considérable. Les moines, dont la règle comportait l'obligation de s'adonner au travail, s'attachèrent au défrichement des bois et des landes et à la mise en valeur de terres cultivées. Comme leur domination était, en général, plus douce que celle des seigneurs, de nombreux serfs se réfugièrent auprès des monastères ; la plupart devinrent ainsi des centres de peuplement et donnèrent naissance à de gros villages, voire à de véritables villes. Les monastères remplirent également un rôle intellectuel. Chacun possédait une bibliothèque, où l'on conservait des livres manuscrits, et un *scriptorium,* où des moines copistes en établissaient de nouveaux exemplaires, parfois ornés de riches miniatures. C'est ainsi que les œuvres de beaucoup d'auteurs de l'Antiquité classique ont pu parvenir jusqu'à nous. De même, le rôle artistique des moines se manifesta dans la construction

◁ **Un clerc, un astronome et un computiste** réunis pour établir le calendrier de l'année. Au Moyen Âge, le temps appartient à l'Église. Le compte des heures et des jours, les problèmes de comput et de calendrier sont la stricte affaire des clercs. Miniature du XIIIe siècle. Bibliothèque de l'Arsenal.
Phot. B. N.

△ **La purification de la Vierge.** Effacé pendant le haut Moyen Âge, le culte de Marie s'intensifia à partir du XIe siècle, participant au grand essor de la spiritualité et favorisant la naissance d'un très riche art marial. Miniature de la fin du XIIIe siècle. Bibliothèque municipale de Laon.
Phot. Lauros-Giraudon.

et la décoration de multiples édifices religieux. L'église du monastère de Cluny (aujourd'hui disparue) est ainsi considérée comme le premier chef-d'œuvre de l'art roman français ; tandis que l'église abbatiale de Saint-Denis, reconstruite par Suger, fit beaucoup pour la diffusion de l'art gothique.

Les ordres mendiants. Au fil du temps, les ordres monastiques s'affaiblirent ; les richesses s'accumulèrent, la discipline se relâcha, les moines prirent les mauvaises habitudes du monde féodal et dévièrent de la ligne tracée par les fondateurs. Partout, dans la seconde moitié du XIIe siècle, un besoin de réforme se fit sentir. Celle-ci aboutit, au siècle suivant, à la fondation presque simultanée de deux ordres qui mettaient la pauvreté au premier rang des vertus chrétiennes et demandaient à leurs membres de mendier — d'où leur nom d'ordres *mendiants* — toutes les fois que le travail manuel ne suffirait pas à les faire vivre. Ces deux ordres sont ceux des Dominicains et des Franciscains. Leur apparition bouleversa les habitudes monastiques du XIIIe siècle.

Le premier fut organisé en France par un chanoine espagnol d'origine noble, saint Dominique ; venu en Languedoc pour y prêcher contre les hérétiques albigeois, il s'aperçut que les Cisterciens, à qui la même mission avait été confiée, n'y réussissaient pas à cause de leurs allures trop fastueuses qui choquaient les populations. Il se mit donc à parcourir la région à pied, sans escorte, sans argent, sans autre bagage qu'un livre de piété. L'expérience

△**Le pape et les Frères prêcheurs.** La papauté s'était d'abord inquiétée de la tournure prise par les débuts de la communauté de saint Dominique. Elle craignait de voir ces hommes de valeur tomber, comme tant d'autres, dans l'hérésie. Mais finalement elle se résigna à approuver la règle de l'ordre et sut, au fil du temps, l'utiliser à son profit. Miniature du début du XIVe siècle. *Phot. Jean Vigne.*

Un dominicain, accompagné d'une religieuse, prêchant au milieu de femmes laïques. À la différence de leurs prédécesseurs établis dans la solitude des monastères, les moines mendiants vivaient dans les villes, au contact des hommes et des femmes, s'efforçant de comprendre les nouveaux problèmes sociaux et moraux posés par la révolution urbaine. Miniature de la fin du XIIIe siècle. Bibliothèque Sainte-Geneviève. *Phot. Garnier/Ziolo.* ▽

lui montra que ce genre d'apostolat était le bon. Groupant une douzaine de religieux, il leur donna une règle, approuvée par le pape en 1216, et les envoya prêcher de tous côtés la doctrine chrétienne. L'ordre grandit très rapidement : à la mort de saint Dominique, en 1221, il comptait déjà dans toute l'Europe plus de soixante couvents. L'ordre franciscain fut fondé en Italie, en 1209, par le fils d'un riche marchand de la ville d'Assise, saint François, qui, après une jeunesse élégante et mondaine, avait renoncé à tous ses biens et s'était mis à vivre la vie des pauvres. Plusieurs disciples s'étant groupés autour de lui, il fit bénir par le pape une règle par laquelle ils s'engageaient à mendier, à secourir les pauvres, à évangéliser le peuple. Jusqu'à sa mort, en 1226, saint François ne cessa d'attirer à lui des compagnons venant de tous les milieux. À la fin du XIIIe siècle, l'ordre franciscain comptait près de deux cent mille membres.

Ce succès rapide des ordres mendiants s'explique par leur esprit de pauvreté et leur façon de se mêler à la vie des populations, spécialement dans les villes. On aima vite ces moines humblement vêtus, ne possédant rien personnellement, réduits en voyage à se contenter d'aumônes, et dont les habitudes contrastaient si fortement avec celles des autres religieux cloîtrés derrière les murs de leurs monastères. Par là même, les Mendiants devinrent rapidement, contre les rois, les princes, les évêques et les abbés, les agents les plus zélés de la papauté, à laquelle ils se montrèrent étroitement dévoués jusqu'à la fin du Moyen Âge.

L'hérésie albigeoise. La puissance immense dont disposait l'Église n'empêcha pas certains esprits inquiets, ne trouvant pas dans les croyances officielles ce qu'ils cherchaient, de les rejeter et d'en professer de nouvelles. Comme aux premiers siècles du christianisme, on vit, à partir du XIe siècle, se développer de nombreuses

Rencontre de saint François et de saint Dominique. Cette accolade est purement imaginaire puisque les deux saints ne se sont jamais rencontrés. Après la mort de leurs fondateurs, les deux ordres mendiants se sont parfois rapprochés pour lutter ensemble contre leurs détracteurs, mais ils se sont bien plus souvent opposés. Montefalco, fresque du XVe siècle.
Phot. Toni Schneider, Lindau (B.)-Ziolo.

hérésies. Beaucoup furent rapidement étouffées, mais quelques-unes connurent une ampleur considérable. Ainsi en fut-il de l'hérésie dite « albigeoise » (parce qu'elle se répandit d'abord et surtout dans la région d'Albi). Elle s'inspirait d'une antique religion perse et enseignait l'existence de deux principes opposés, le Bien et le Mal, le premier étant l'aura d'un Dieu créateur bon, le second étant celle de Satan, en qui le christianisme ne voyait qu'un ange rebelle déchu. Cette doctrine albigeoise s'accompagnait d'une morale très austère, mais à l'observation de laquelle étaient seuls astreints les « parfaits », ou *cathares* (c'est-à-dire les purs), auxquels avait été administré le *consolamentum,* alors que la masse des fidèles *(croyants* ou *« imparfaits »)* ne le recevaient qu'à l'article de la mort.

L'hérésie fit de rapides progrès parce que le clergé languedocien menait une existence scandaleuse et soutenait mal la comparaison avec les cathares. Pour la combattre, le pape Innocent III voulut d'abord recourir à la seule prédication et encouragea les efforts de saint Dominique. Mais, après l'assassinat de son légat, Pierre de Castelnau, en 1208, il prêcha une véritable croisade contre les hérétiques albigeois. Les seigneurs de la France du Nord, conduits par Simon de Montfort, répondirent avec empressement à l'appel du pape. Il en résulta une guerre

Le château cathare de Peyrepertuse, dans le massif des Corbières. Moins célèbre que celui de Montségur, le château de Peyrepertuse — véritable nid d'aigle perché sur un piton rocheux entièrement ceinturé d'à-pic — était probablement le plus inaccessible de toute la chrétienté. De fait, il ne fut jamais pris. Avec Queribus, il servit de dernier refuge à quelques ultimes bandes cathares après la chute de Montségur en 1244. Ses ruines comptent aujourd'hui parmi les plus spectaculaires que l'on puisse voir en Europe occidentale.
▽ *Phot. Veiller-Explorer.*

△ **Saint Dominique convertissant des hérétiques.** Contrairement à ce que montre ce détail d'une fresque du XIVe siècle, attribuée à Andrea da Firenze, les Dominicains furent peu heureux dans la conversion des hérétiques par la prédication. Ils se tournèrent de bonne heure vers les études et l'enseignement, et occupèrent une place très importante dans la vie universitaire. Florence, église Santa Maria Novella (chapelle des Espagnols).
Phot. Scala.

cruelle, marquée par de nombreux massacres, comme ceux de Béziers en 1209 et de Lavaur en 1211. En vain, le pape, ému par ces tueries, demanda-t-il de clore la croisade. Les passions étaient déchaînées et au zèle religieux s'ajoutaient les convoitises territoriales des croisés, qui trouvaient l'occasion bonne pour s'approprier les terres des nobles albigeois. Simon de Montfort, notamment, essaya de s'emparer des fiefs du comte de Toulouse Raymond VI, suspecté d'hérésie. La croisade devint féodale. Simon fut tué en 1218, mais la guerre ne cessa qu'en 1229, lorsque Raymond VII, fils de Raymond VI, eut perdu la majeure partie de son comté et que les principaux soutiens politiques de l'hérésie eurent été réduits à l'impuissance. Cette terrible « croisade des albigeois » eut deux conséquences importantes : elle hâta la fusion de la France du Nord avec celle du Midi, jusqu'alors assez étrangères l'une à l'autre, et elle entraîna la création de l'Inquisition, qui fut confiée, en 1233, non aux officialités des évêques mais aux Dominicains. Condamnant les hérétiques à la confiscation des biens et même au bûcher, ces derniers les firent disparaître progressivement du Languedoc.

◁**Reconstruction de l'abbaye Sainte-Geneviève, à Paris.** Ce fut Clovis qui ordonna la construction, sur la colline située au sud de l'île de la cité, d'une basilique dédiée aux apôtres Pierre et Paul. Il y fut inhumé, ainsi que sa femme Clotilde et, surtout, sainte Geneviève. Brûlée par les Normands, l'abbaye qui s'était édifiée autour de la basilique fut plusieurs fois reconstruite entre le XIIe et le XVIIe siècle. Au XIIIe, elle prit le nom de Sainte-Geneviève et l'étendit à toute la montagne où s'était installée la vie universitaire. Miniature du XIIIe siècle.
Phot. Lauros-Giraudon.

La naissance des universités. Dès le XIe siècle, l'Église s'était efforcée de réveiller la vie intellectuelle par l'enseignement. Celui-ci était donné dans les écoles monastiques, dépendant d'un couvent, ou dans des écoles épiscopales, que dirigeaient des chanoines spécialisés : chanceliers ou

Un maître dominicain faisant son cours. ▷ Les maîtres de l'Université, séculiers ou mendiants, enseignaient dans les lieux les plus divers. Ils avaient leur langue (le latin), leur méthode (la scolastique) et leurs instruments (les livres). Au fil du temps, l'enseignement devint de moins en moins oral et de plus en plus livresque. Scribes et libraires, par exemple, finirent par faire partie du personnel de l'Université. Miniature du XVe siècle. Bibliothèque Mazarine.
Phot. Jean Vigne.

écolâtres. C'étaient les évêques qui donnaient aux maîtres leur licence, c'est-à-dire la permission d'enseigner. Rapidement, les écoles de Paris prirent, au cours du XIIe siècle, une importance exceptionnelle, grâce à des maîtres réputés, comme Pierre Abélard. Les plus célèbres étaient celle du cloître de Notre-Dame, dans l'île de la Cité, auprès de la cathédrale, et les écoles monastiques établies sur la rive gauche, auprès des abbayes de Saint-Victor et de Sainte-Geneviève.

Pour la défense de leurs intérêts, maîtres et élèves, à la fin du XIIe siècle, formèrent des associations, analogues à celles constituées par les artisans ; ils les regroupèrent ensuite en une seule *université,* placée sous la protection de Philippe Auguste, qui accorda à celle-ci d'importants privilèges. Ses membres cessèrent notamment de dépendre des tribunaux ordinaires pour ne plus relever que des tribunaux d'Église, dont l'indulgence leur était acquise. La protection du pape s'ajouta à celle du roi. Dès 1212, Innocent III obligea le chancelier de l'évêque de Paris à renoncer au serment d'obéissance qu'il exigeait des maîtres. Puis, comme l'évêque, mécontent, avait en 1219 prononcé l'excommunication contre les universitaires, le pape annula sa sentence et limita encore les pouvoirs du chancelier. Par la suite, chaque fois que de nouveaux conflits surgirent, la papauté soutint l'université. Progressivement, celle-ci ne dépendit plus que d'elle-même, et du pape, fort lointain. L'organisation de l'université de Paris servit de modèle à celles qui se constituèrent au cours du XIIIe siècle, à Toulouse, à Montpellier, à Orléans, ainsi qu'à l'étranger.

L'homme - microcosme ▷ structuré comme l'univers-macrocosme. La pensée médiévale fonctionnait par analogies. L'homme était un univers en miniature. Comme la nature, il était formé de différentes « complexions » et composé de terre (la chair), d'eau (le sang), d'air (le souffle) et de feu (la chaleur). La frontière était totalement floue qui séparait la physique de la métaphysique. Miniature du XIVe siècle.
Phot. Jean Vigne.

△ Agitation universitaire : une rixe entre étudiants et bourgeois de Paris au début du règne de Saint Louis. Miniature du XVe siècle.
Phot. Arch. Snark/Cl. B. N.-Edimedia.

Page suivante :
La Bible moralisée. Le parallélisme entre l'Ancien Testament (médaillons 1 et 3 de chaque colonne) et le Nouveau Testament a dominé toute l'exégèse médiévale. Page d'un manuscrit du XIIIe siècle. B. N. ▷
Phot. B. N.

1285-1314 Une France nouvelle : le règne de Philippe le Bel

FILS DE SAINT LOUIS, Philippe III fut loin d'avoir les qualités exceptionnelles de son père ; et, s'il en continua souvent la politique, son règne de quinze années (1270-1285) fut marqué par un recul certain du prestige capétien en Occident. Le prince le plus puissant de cette maison n'était même plus le roi de France, mais son oncle, Charles d'Anjou, roi de Naples, dernier fils vivant de Louis VIII et de Blanche de Castille.

Ce fut au petit-fils du saint roi qu'il appartint de redonner à la monarchie tout son lustre et, avec des méthodes totalement opposées à celles de son grand-père, de rendre au royaume de France la première place en Europe. Le règne de Philippe le Bel fut en effet important à plus d'un titre. Non seulement il apporta une consolidation de la dynastie et un accroissement considérable du territoire national, mais il vit s'affirmer de plus en plus nettement le sentiment de l'unité nationale et la conscience de l'État. L'importance prise alors par les conseillers du roi, les légistes, et par leur gouvernement doctrinaire, l'âpre et retentissante querelle qui mit aux prises le souverain et le pape Boniface VIII, le procès dramatique intenté à l'ordre du Temple, l'acuité des problèmes financiers et monétaires et les procédés nouveaux par lesquels la monarchie entreprit de les résoudre, tout contribua à faire de ce temps une époque capitale au cours de laquelle fut parachevée l'œuvre accomplie depuis trois siècles par les Capétiens.

Cependant, dans le même temps, la France se transformait. L'expansion démographique, continue depuis le début du XIe siècle, commençait à décliner, entraînant un ralentissement des activités économiques. Toutes les classes de la société en subissaient les conséquences. En outre, les impôts levés par le roi étaient de plus en plus lourds, la monnaie de plus en plus instable et la monarchie elle-même tournait parfois à la tyrannie. À une période de progrès et de prospérité succédait, pour les populations françaises comme pour celles de l'Europe dans son ensemble, le temps des troubles et des incertitudes. Déjà on voyait poindre la grande crise qui devait agiter l'Occident tout au long du XIVe siècle. Et, à la mort de Philippe le Bel, le « roi de fer », tous les sujets du roi n'avaient qu'une aspiration : revenir « au bon temps de monseigneur Saint Louis ».

△ **Philippe le Bel entouré de sa fille (Isabelle),** de ses trois fils (Louis le Hutin, Philippe le Long et Charles le Bel) et de son frère (Charles de Valois). Grâce aux armoiries figurées sur sa robe, chacun de ces six personnages peut être identifié avec précision. Miniature du XIVe siècle. B. N. *Phot. Giraudon.*

COMME PRESQUE TOUS LES DERNIERS PRINCES CAPÉTIENS, Philippe IV le Bel était grand, blond, vigoureux et passionné par la chasse. Il dut son surnom à son immense stature et à la beauté de son visage. Mais ce qui semble avoir le plus frappé les contemporains fut l'immobilité de ce visage et le caractère impénétrable de ses traits. « Ce n'est pas un homme, c'est une statue », a dit l'un de ses adversaires dans une formule restée fameuse.

Le roi et les légistes. Si le physique du roi nous est bien connu — ce qui ne fut pas toujours le cas pour ses prédécesseurs —, sa personnalité véritable demeure en revanche une énigme. Témoignages et documents contradictoires ont suscité bien des légendes et des querelles d'historiens. Parce que ce petit-fils du roi saint livra un violent conflit au pape, on a voulu faire de lui un sceptique ou un incrédule, comme le fut l'empereur Frédéric II dans la première moitié du XIIIe siècle. Parce qu'il fut entouré de conseillers compétents qui jouèrent un rôle décisif dans sa politique, on l'a présenté, à l'époque même, comme un personnage faible et dominé par son entourage. Enfin, parce qu'il utilisa souvent des moyens retors et brutaux pour appliquer ses décisions, on se le figura comme un homme terrible et sans scrupules, un « roi de fer ». Or, bien des documents soulignent sa piété, sa douceur, son caractère affable. Ils le disent également instruit mais obstiné, conscient de son rang et de ses ambitions, préférant souvent ses propres intérêts au bon droit. Il est donc difficile de se faire une opinion, notamment pour ce qui est de sa part personnelle dans les actes de son règne, un règne qui occupe une place essentielle dans l'histoire de la France médiévale.

Pour gouverner, les rois capétiens s'étaient depuis longtemps fait aider des membres de leur conseil, la *Cour du roi (Curia regis),* et particulièrement de ceux qui s'étaient consacrés à l'étude des lois. On leur donnait le nom de *légistes.* Avec Philippe le Bel, ces personnages, dont le rôle politique et administratif avait commencé sous Philippe Auguste et s'était

La naissance de l'Etat

◁ **Grand sceau de Philippe le Bel.** Le roi est représenté en majesté. Cette empreinte était destinée à sceller un acte très solennel. Archives nationales, Paris. Coll. Lausat.
Phot. Explorer archives.

Le roi et ses conseillers au cours d'un jugement suivi d'une exécution. ▷ Philippe le Bel sut s'entourer d'hommes énergiques, qui cherchèrent à donner à l'autorité royale la plus grande extension. Juristes de formation, ils puisaient leur théorie de la monarchie et de l'État dans le droit romain, dont l'étude et la diffusion connaissaient alors un grand essor, surtout dans la France méridionale. Miniature du XIVe siècle. Bibliothèque municipale de Bordeaux.
Phot. Jean Vigne.

accru sous Saint Louis, devinrent vraiment prépondérants. La plupart étaient de modeste origine, issus de la « bourgeoisie » ou de la petite noblesse : Pierre Flotte, Guillaume de Nogaret, Enguerrand de Marigny. Ayant étudié le droit romain, ils lui avaient emprunté la notion de monarchie absolue et, s'inspirant de l'exemple des empereurs, ils voulaient transformer le roi de France, suzerain encore féodal aux pouvoirs limités par les droits de ses vassaux, en un monarque tout-puissant, un « souverain par-dessus tout ». Ils voulurent qu'il fût libre de faire les lois « comme il lui plaît pour le profit commun du royaume » et que

lui seul pût en faire. Ils incitèrent ainsi Philippe le Bel à réorganiser la gestion de l'État sur le modèle de l'Empire romain, et à lui assurer de nouveaux moyens de gouvernement et de nouvelles ressources.

Les transformations du gouvernement. La tâche première fut de donner à la monarchie une administration plus souple et plus centralisée, qui lui permettrait d'être plus efficace, et de lui procurer un trésor mieux garni afin de pouvoir développer ses entreprises. Jusqu'à présent, la Cour du roi s'était occupée indistinctement de toutes les questions relatives au gouvernement. Mais, comme depuis un siècle le domaine royal s'était considérablement agrandi et que les attributions du souverain s'étaient développées dans toutes sortes d'affaires, la Cour ne pouvait plus suffire à toutes les tâches. On fut donc conduit à la subdiviser en différentes sections, chacune correspondant à une partie de l'administration. Amorcée sous Saint Louis, cette division des compétences devint effective à la fin du XIIIe siècle. C'est ainsi qu'on vit apparaître le *Grand Conseil,* à qui fut réservé l'examen des affaires strictement politiques, la *Chambre des comptes,* spécialisée dans les questions financières, et le *parlement,* chargé de tout ce qui concernait la justice. L'État naissant se trouva ainsi pourvu d'organes distincts, réguliers, compétents, qui facilitèrent son action.

La politique financière et monétaire fut également réformée. Pour faire face à des besoins d'argent toujours plus pressants, Philippe le Bel, inspiré par son conseiller Enguerrand de Marigny, établit des taxes aux frontières du royaume pour les marchandises sortant de France. Puis, estimant qu'il avait comme souverain ce royaume à défendre, il exigea de ses sujets toutes sortes de subsides. Il se livra à des emprunts forcés, soumit les terres d'Église à une redevance correspondant au dixième de leurs revenus (les « décimes »), leva des

△**Une monnaie de Philippe le Bel : le royal d'or assis.** Cette pièce, émise à partir de 1296, valait dix sous et pesait 3,55 grammes. Elle inaugura la superbe série de monnaies d'or que les rois de France firent frapper jusqu'au milieu du XIVe siècle et qui représente l'apogée de l'art monétaire français. Musée de la Monnaie.
Phot. Sousse Ohana.

tailles nouvelles sur des sujets qui jusqu'alors en étaient exempts ; il exigea sur toutes les ventes une taxe d'un denier par livre (ou maltôte). Toutes ces mesures furent évidemment très impopulaires.

Mais Philippe le Bel ne craignit pas d'aller plus loin et de se livrer à des manipulations monétaires plus ou moins régulières, qui lui valurent la réputation de roi « faux-monnayeur ». À plusieurs reprises, il changea le poids ou le taux (proportion de métal précieux) des pièces de monnaie sans en changer la valeur ; ou bien, sans changer les pièces, il modifia purement et simplement cette valeur. En 1295, par exemple, une ordonnance royale décida que le gros tournois, créé par Saint Louis et qui valait un sou, aurait désormais cours pour trois sous. Ces pratiques monétaires, nécessitées par l'ambitieuse politique royale et non pas dues à la cupidité personnelle de Philippe le Bel ou de ses conseillers, comme on l'a souvent écrit, exaspérèrent l'opinion. On se mit à regretter amèrement le bon temps et la bonne monnaie de Saint Louis.

Les assemblées des trois états. Le règne de Philippe le Bel fut également marqué par une initiative qui n'eut pas de conséquences immédiates mais qui plus tard, bien plus tard, en eut de considé-

◁**Les capitouls de Toulouse.** La plupart des villes du midi de la France copièrent l'organisation des villes italiennes : elles étaient administrées collégialement par un petit nombre de consuls, ou capitouls, élus en général chaque année par ceux des habitants possédant le statut de bourgeois. Miniature du XIVe siècle. Toulouse, musée des Augusti.
Phot. Lauros-Giraudon.

Remise d'une charte de coutume.▷ À la fin du XIIIe siècle et au début du XIVe, la rédaction officielle des coutumes — locales ou régionales — eut pour but d'enrayer les progrès trop rapides du droit romain, progrès encouragés par les légistes du roi. Dans les provinces, on s'efforça d'appliquer l'adage « coutume passe droit » et de ne se servir du droit romain que pour combler les silences de la coutume. Miniature du XIVe siècle.
Phot. Lauros-Giraudon.

rables. À quatre reprises, en effet, en 1302, 1303, 1308 et 1314, le roi, dans des circonstances graves, convoqua des assemblées formées de représentants des trois classes, ou trois « états », de la population : clergé, noblesse, bourgeoisie des villes. Ce fut là l'origine lointaine de ce que l'on nomma par la suite les « états généraux ». Si cette institution était devenue régulière, elle eût été un moyen nouveau d'associer certains éléments de la nation au gouvernement, comme c'était partiellement le cas, à la même époque, dans le royaume d'Angleterre. Mais les légistes ne l'entendaient pas ainsi. Ces assemblées n'eurent qu'un caractère exceptionnel, leur objet fut limité, leur pouvoir réduit. Dès qu'on avait obtenu d'elles ce qu'on leur demandait — essentiellement une approbation de la politique financière, monétaire et surtout extérieure (attitude

◁ **Boniface VIII.** Élu le 24 décembre 1294, onze jours seulement après l'abdication du vieux Célestin V (le seul pape de l'histoire qui ait abdiqué), Boniface VIII était un homme entêté et impulsif, ayant une conception absolutiste du rôle de la papauté, dans le domaine religieux comme sur le terrain politique. Par là même, il se heurta aux souverains d'Occident qui entendaient séparer le spirituel du temporel, et notamment au plus puissant d'entre eux : Philippe le Bel. Le conflit qui s'ensuivit fut relativement bref (1296-1303), mais d'une extrême violence. Il se termina par la défaite du pape et de la théocratie pontificale. Statue du XIVe siècle. Bologne.
Phot. Scala.

Un pape entouré de deux rois. ▷ Le XIIIe siècle avait vu un renforcement constant du pouvoir pontifical, appuyé sur une centralisation administrative, juridique et financière de plus en plus grande. La papauté avait, en outre, soutenu et réussi à contrôler toutes les grandes nouveautés apparues dans l'Église : les universités, les ordres mendiants, l'Inquisition. Enfin, elle avait acquis un immense prestige en réunissant toute l'Église d'Occident dans de vastes conciles (notamment à Lyon en 1274). Mais elle avait échoué dans ses tentatives pour relancer efficacement les croisades et pour rétablir l'union entre les Églises d'Occident et d'Orient, séparées depuis le milieu du XIe siècle. Miniature de la fin du XIVe siècle.
Phot. B. N.

du roi envers la papauté) —, on les congédiait rapidement. Elles ne furent donc qu'un expédient habile pour s'assurer, dans des moments difficiles, l'appui moral des sujets du royaume.

Le conflit avec la papauté. La première circonstance qui incita Philippe le Bel à réunir ces assemblées fut, en 1302, le conflit très dur qui s'était ouvert entre le pape Boniface VIII et lui. Un conflit surprenant quand on se rappelle combien avaient été étroits, depuis la fin du Xe siècle, les rapports entre les rois capétiens et le Saint-Siège et combien cette alliance avait servi les progrès de la monarchie française. Mais un conflit également significatif parce qu'il souligna comment, sous l'influence des légistes, la royauté fortifiée aspirait dorénavant à être maîtresse dans son royaume et à repousser toute intervention du dehors, y compris celle de la papauté.

Déjà une première querelle avait éclaté en 1296, à propos d'une taxe nouvelle de deux décimes que Philippe voulait faire payer au clergé de France : le pape avait pris la défense des ecclésiastiques, qui ne voulaient pas s'y soumettre, et avait refusé aux princes, par la décrétale *Clericis laicos,* le droit de taxer l'Église sans son autorisation. Mais, devant l'attitude résolue du roi de France, le pape avait dû céder en 1297 (bulle *Etsi de statu*). Quatre ans plus tard, les difficultés reprirent, et cette fois de manière très grave, en raison des prétentions nouvelles du pape Boniface VIII et de la fermeté intransigeante et même violente de Philippe le Bel. Monté sur le trône de Pierre en 1294, à près de soixante ans, Boniface VIII appartenait à une très vieille famille de barons féodaux, possessionnés dans les environs de Rome. Il tenait de ses origines un tempérament passionné, orgueilleux et irritable, et cette irritabilité était encore accrue par un état de santé fragile qui lui infligeait de cruelles souffrances. Mais cet homme souffrant et irascible était aussi profondément pénétré des idées de ses prédécesseurs — notamment d'Innocent III — sur la supériorité de la papauté sur tous les souverains chrétiens. « Il y a deux glaives, écrivait-il, le spirituel et le temporel. Le glaive spirituel est dans la main du pape ; le temporel, dans la main des rois. Mais les rois ne peuvent l'utiliser qu'au service de l'Église et selon la volonté du pape. Et, si le glaive temporel dévie de sa route, c'est au glaive spirituel de le juger. » De vicaire de saint Pierre, le pape se transforme en vicaire du Christ.

△ **L'église d'Anagni.** Ce fut dans cette petite ville du Latium que le 7 septembre 1303 s'effondrèrent les prétentions pontificales à la domination spirituelle et temporelle de tous les États laïques. Boniface VIII y fut injurié, molesté et capturé par les envoyés du roi de France.
Phot. Scala.

Arrestation de Boniface VIII. Il ne fut pas le premier pape à être injurié et arrêté par des laïques. Mais l'événement prit une ampleur considérable parce qu'il se situait à un moment où la papauté prétendait à l'hégémonie sur tous les États occidentaux. Miniature du XVe siècle.
Phot. Bibliothèque apostolique vaticane. ▽

Une telle doctrine, qui datait du début du XIIIe siècle, n'était plus recevable au début du XIVe. En France particulièrement, où la monarchie avait trop bien pris conscience de sa force pour ne pas aspirer à l'indépendance totale. Aussi, en 1301, lorsque, à propos de l'arrestation par le roi de l'évêque de Pamiers, Bernard Saisset, Boniface VIII eut dressé un véritable réquisitoire contre la politique de Philippe le Bel et invité les évêques français à se réunir à Rome pour « préparer la réformation du royaume et la punition du roi de France », ce dernier réagit extrêmement violemment.

L'attentat d'Anagni. Le roi commença par faire publier, au lieu du texte authentique de Boniface VIII, un résumé falsifié, dont les termes calculés avaient pour but d'exacerber le sentiment national français. Il obtint ainsi de l'assemblée des trois états qu'il avait réunie dans l'église Notre-Dame de Paris le 10 avril 1302 une approbation complète de sa politique. Puis, quand, au mois de novembre de la même année, le pape eut promulgué la fameuse bulle *Unam sanctam* exposant la théorie des deux glaives mentionnée ci-dessus et menaçant le roi de France d'excommunication, Philippe le Bel riposta en accusant le pontife d'avoir usurpé sa dignité et de pratiquer la simonie. Il réclama sa déposition par un concile. Boniface VIII lança alors l'interdit sur le royaume de France et délia les Français de leur serment de fidélité au souverain. La querelle avait atteint un point de non-retour.

Philippe le Bel se résolut donc à aller plus loin encore et, sur les conseils du plus influent de ses légistes, Guillaume de Nogaret, à faire arrêter le pape en Italie même. Nogaret se chargea de l'opération. Parti secrètement de France, il se concerta en Toscane avec les ennemis italiens de Boniface, notamment avec le chef de la très puissante famille des Colonna, Sciarra Colonna. À la tête d'une bande armée, il se rendit dans la petite ville d'Anagni, où le pape passait l'été. Le 7 septembre, ses gens pénétrèrent dans la cité aux cris de « mort au pape, vive le roi de France ». Boniface, délaissé de tous, ayant revêtu ses habits pontificaux, un crucifix à la main, attendait la mort lorsqu'il fut arrêté par Nogaret. Contrairement à la légende, il ne fut pas frappé, mais menacé et injurié. Nogaret rappela au pontife les accusations dont il faisait l'objet et voulut l'emmener prisonnier. Des protestations s'élevèrent alors. Les outrages dont on avait abreuvé ce vieillard et le courage qu'il avait montré soulevèrent en sa faveur les habitants d'Anagni. Le 9 septembre, Nogaret et les siens durent s'enfuir de la ville. Boniface fut reconduit à Rome. Mais, très affecté par cette humiliation, épuisé et ayant partiellement perdu la raison, il mourut le 11 octobre.

La victoire de Philippe le Bel. Les successeurs de Boniface VIII n'eurent pas l'énergie de continuer la lutte ni de retourner contre le roi de France l'humiliation subie par la papauté. Dès 1304, Benoit XI, homme pacifique, leva les peines religieuses portées contre Philippe et se contenta de flétrir Nogaret. Puis Clément V, ancien archevêque de Bordeaux élu souverain pontife grâce à l'appui du roi de France, en

△ **Mort de Boniface VIII (1303).** Bien que délivré par les habitants d'Anagni, Boniface VIII, âgé de 68 ans, ne supporta pas l'humiliation qu'il avait subie et mourut un mois après l'« attentat ». Fresque de la fin du XVe siècle.
Phot. Roger-Viollet.

1305, finit par annuler les sentences de ses prédécesseurs et même, en 1311, par absoudre Guillaume de Nogaret lui-même. Au reste, Clément V refusa de séjourner en Italie, où, en raison des sentiments antifrançais de la population, sa sécurité lui semblait précaire ; il vint s'établir, dès 1309, en Avignon (ville partiellement pontificale depuis 1279). Ses successeurs y résidèrent jusqu'en 1377.

La victoire de Philippe le Bel était complète. Mais ce n'était pas seulement la victoire d'un homme. C'était aussi la victoire d'une idée. Le principe de l'indépendance absolue des princes chrétiens à l'égard de la papauté l'emportait définitivement. À l'idéal des grands pontifes du Moyen Âge, rêvant d'une sorte d'empire chrétien unifié sous la direction d'un souverain religieux, se substituait désormais l'affirmation de la complète liberté des royaumes et des États, chacun défendant pour son compte ses intérêts particuliers et ne relevant, en politique, que de lui-même. C'était pour l'Europe le début d'une histoire nouvelle et la naissance des États modernes.

L'extension du domaine royal et la politique militaire. Outre les réformes administratives et la victoire sur la papauté, le règne de Philippe le Bel fut marqué par une politique d'extension du domaine royal et d'assujettissement de la grande féodalité, politique illustrant parfaitement les grandes lignes de la dynastie. Philippe réunit d'abord par son mariage le comté de Champagne — un des cinq grands fiefs français — à la Couronne et il acheta, en 1286, le comté de Chartres. Ainsi disparaissait définitivement l'empire territorial de la turbulente maison de Blois-Champagne, qui, trois siècles durant, avait encerclé et menacé le domaine capétien. Au centre, le domaine royal s'agrandit de la Marche et de l'Angoumois. À l'est, le comte de Bar, jusque-là vassal de l'empereur, fit hommage au roi de France pour la plus grande

△ **Benoît XI,** chef de l'Église militante et triomphante. En réalité, le court pontificat de Benoît XI (1303-1304) fut beaucoup moins glorieux que ne le proclame cette image. Partisan d'une détente entre la papauté et la France, Benoît XI, homme pieux et conciliant, leva l'excommunication contre Philippe le Bel et toutes les mesures prises contre la France. Puis, des troubles ayant éclaté à Rome, il se réfugia à Pérouse où il mourut. Fresque du XVe siècle. Florence, église Santa Maria Novella.
Phot. Scala.

Le palais des papes à Avignon. ▷ Ce fut Clément V, ancien archevêque de Bordeaux, pape de 1305 à 1314, qui, le premier, un peu par hasard, s'installa à Avignon en 1309 ; il souhaitait y préparer le concile convoqué à Vienne pour l'année suivante.
Phot. Brichat-Rapho.

partie de ses terres, et les bourgeois de la ville de Lyon, impressionnés par la force et le prestige de la couronne de France, se placèrent en 1312 sous la sauvegarde du roi. Lyon entrait partiellement dans le royaume.

Mais Philippe souhaitait davantage, non pas, peut-être, rapprocher le royaume de ses frontières naturelles (maritimes et montagneuses), comme on l'a dit parfois, mais en tout cas se protéger de voisins trop puissants et surtout mettre la main sur les fiefs que le roi d'Angleterre possédait encore en France : la Guyenne et les régions voisines. Il s'y essaya en 1294, envahit le duché de Guyenne sous un prétexte futile, mais les hostilités traînèrent et, en 1299, le traité de Montreuil-sur-Mer, négocié avec le roi d'Angleterre Édouard Ier — l'un des princes les plus puissants et les plus admirés d'Europe —, laissa à chacun des deux rois ses possessions.

Au nord, Philippe fit porter son effort contre le comte de Flandre, l'un des derniers grands féodaux, allié du roi d'Angleterre. Vainqueur à la bataille de Furnes en 1297, il envahit la Flandre et la plaça sous administration royale. Mais les Flamands se révoltèrent et, en 1302, la chevalerie

◁ *Page précédente :* **Le roi d'Angleterre rendant hommage au roi de France** pour ses fiefs du continent. Cette scène ne semble pas annoncer le terrible et interminable conflit qui éclatera quelques années plus tard entre les deux royaumes. Miniature du XIVe siècle.
Phot. Edimedia/Snark.

△ **La bataille de Courtrai (1302),** au cours de laquelle la chevalerie française fut taillée en pièces par les milices communales flamandes, constitua une date importante dans l'histoire de la guerre en Occident : pour la première fois depuis l'Antiquité, les fantassins prirent le dessus sur les cavaliers. Miniature de la fin du XIVe siècle. B. N.
Phot. B. N.

Bataille de Mons-en-Pévèle (1304). ▷ Philippe le Bel (sans armure !) est suivi de sa bannière fleurdelisée et de l'oriflamme de saint Denis. Tableau de Larivière (vers 1850). Versailles, galerie des Batailles.
Phot. J.-C. Maillard-Edimedia.

française fut taillée en pièces à Courtrai par les milices communales flamandes. Cette bataille constitua un tournant important dans l'histoire militaire occidentale : c'était la première fois depuis près de dix siècles que des fantassins l'emportaient sur des cavaliers. Toutefois, l'humiliation subie à Courtrai fut vengée deux ans plus tard par la victoire de Mons-en-Pévèle

(1304). Philippe conclut avec le comte de Flandre le traité d'Athis-sur-Orge en 1305, qui préparait le « transport » au roi, par la paix de Pontoise de 1312, des châtellenies de langue française : Lille, Douai, Béthune et leurs dépendances. Après la substitution d'Orchies à Béthune en 1322, elles restèrent dans le domaine royal jusqu'en 1369.

L'affaire des Templiers. Ayant constamment besoin d'argent, Philippe le Bel ne se contenta pas de lever des impôts nouveaux ni de se livrer à des manipulations monétaires impopulaires. Il pratiqua également les confiscations arbitraires. Tout d'abord au détriment des juifs, nombreux dans le midi de la France et qui en furent expulsés en 1306. Tout ce qui leur appartenait fut saisi par l'État. En 1311, ce fut le tour des changeurs italiens, surnommés « Lombards », nombreux dans toutes les villes commerçantes et spécialement à Paris, où certains avaient même été admis parmi les conseillers du roi. Mais l'opération la plus spectaculaire, sinon la plus fructueuse, atteignit les Templiers. Ce fut l'œuvre de Nogaret et le chapitre le plus

important de la politique financière de Philippe le Bel.

Fondé au début du XIIe siècle, après la première croisade, l'ordre du Temple était à l'origine destiné à recruter une garde de chevaliers chrétiens pour la protection des Lieux saints, et notamment du Temple de Jérusalem. Moines et soldats, soumis à une véritable règle monastique mais dispensés d'abstinences excessives afin de conserver leur aptitude au combat, ils s'étaient largement implantés en Orient, avaient acquis des richesses considérables puis avaient essaimé en Europe occidentale, spécialement en France et en Angleterre. Ces richesses les avaient progressivement éloignés de leur raison d'être primitive et poussés à faire des problèmes financiers et monétaires l'essentiel de leurs activités. La confiance qu'ils inspiraient en tant que moines et soldats du Christ, la grande compétence économique de leurs administrateurs, les garanties morales et militaires qu'ils offraient, tout cela en fit des banquiers au service des rois et des princes, se livrant à des opérations de trésorerie fort complexes. En France, pendant plus d'un siècle, de Philippe Auguste à Philippe le Bel, le trésor du Temple à Paris fut ainsi le véritable centre financier de la monarchie.

Philippe le Bel n'avait du reste pas à se plaindre de l'ordre, qui s'était rangé à ses côtés lors de sa lutte contre Boniface VIII et qui avait la garde du trésor royal. Mais la richesse des Templiers excitait sa convoitise et celle de son entourage, alors même que les caisses de l'État étaient souvent vides. En outre, les Templiers étaient impopulaires, et le roi le savait trop pour ne pas être tenté d'en profiter. Au reste, les griefs dont on les chargeait depuis la fin du règne de Saint Louis n'étaient pas tous imaginaires, même si la calomnie et l'imagination y ajoutaient beaucoup. Des légendes circulaient. Il semblait impossible qu'un ordre religieux eût pu accumuler tant de trésors sans recourir à des spéculations ou à des activités malhonnêtes. On en voulait surtout aux Templiers d'avoir conservé et accru leur puissance temporelle et financière en Occident, alors qu'ils n'avaient pas su défendre et garder la Terre sainte, à la protection de laquelle les vouait leur institution. On se scandalisait de la conduite et du luxe qu'étalaient certains d'entre eux. On généralisait et l'on attribuait à l'ordre entier les vices de quelques-uns. Des légendes absurdes avaient cours sur les conditions qu'une règle secrète imposait aux candi-

◁ **Jacques de Molay reçu dans l'ordre du Temple.** La création des ordres militaires (Templiers, Hospitaliers, Teutoniques, etc.) fut une des conséquences de la première croisade et fut liée à la défense des Lieux saints. De bonne heure, cependant, ces ordres de moines-soldats jouèrent un rôle plus important en Occident qu'en Terre sainte, et devinrent de grandes puissances militaires, politiques, commerciales et financières. Par là même, leurs activités nuirent souvent au bon renom de l'Église. Tableau de F. M. Granet (1843). Avignon, musée Calvet.
Phot. Christian Loury-G. P. A.

◁ **Le supplice des Templiers sur le bûcher.** La mort par le feu était réservée aux hérétiques. Elle était relativement banale en ce début du XIVe siècle. Et si, pour les contemporains, la suppression de l'ordre du Temple était un acte politique d'une portée exceptionnelle, il n'y avait pas de « mystère templier ». Gravure de D. Vierge (1875). B. N.
Phot. Larousse.

△ **Le pape Clément V.** Tout au long de son pontificat (1305-1314), ce Français se montra faible et hésitant. Renonçant à tout voyage dans une Italie en proie à l'anarchie, il s'installa à Avignon en 1309. Tableau anonyme du XVIIe siècle. Florence.
Phot. Roger-Viollet.

dats voulant entrer dans l'ordre : par exemple, l'obligation de renier la croix ou de cracher sur un crucifix.

La suppression de l'ordre du Temple. Philippe le Bel, conseillé, manipulé même par Guillaume de Nogaret, profita de cette impopularité des Templiers. Il savait qu'il aurait pour lui l'opinion publique. Le procès de l'ordre et la confiscation de ses richesses furent décidés et préparés par le Conseil du roi dans le plus grand secret. Puis ce fut le coup de théâtre du 13 octobre 1307 : ce jour-là, tous les Templiers résidant dans le royaume furent arrêtés, à commencer par Jacques de Molay, grand maître de l'ordre. Dans le même temps, tous leurs biens étaient confisqués. Ils étaient inculpés d'hérésie et des crimes les plus monstrueux, dans un manifeste d'une violence inouïe rédigé par Nogaret et lu publiquement dans toutes les provinces.

S'engagea alors un très long procès, tout à la fois tendancieux et spectaculaire. Il déboucha sur un concile, assemblé à Vienne en octobre 1311, et aboutit à la suppression de l'ordre par une bulle pontificale du 3 avril 1312. Durant ces cinq années, le pape Clément V s'était montré hésitant et rempli de scrupules. Il n'était nullement convaincu de la culpabilité de l'ordre du Temple. Mais il n'eut pas la force de résister au roi de France, qui se montrait intransigeant et même menaçant. Il finit par capituler et par abandonner l'ordre à son sinistre destin.

Les Templiers se défendirent du reste bien mal. Ni en Angleterre, ni en Allemagne, ni en Espagne, les enquêtes n'avaient relevé contre eux de crime capital. Mais, en France, soumis par l'Inquisition aux tortures les plus atroces, ils renoncèrent à se défendre et avouèrent tout ce que l'on voulut. Les principaux dignitaires furent en outre très maladroits et, par leur intransigeance, entraînèrent la perte de la plupart de leurs frères. Le grand maître Jacques de Molay et le commandeur de Normandie Geoffroy de Charnay, d'abord condamnés à la prison perpétuelle, renièrent leurs aveux arrachés par la torture. Cette rétractation leur valut d'être livrés au bourreau et brûlés vifs sur un échafaud dressé dans l'île de la Cité le 18 mars 1314.

Aux termes du jugement du concile, la somptueuse fortune des Templiers fut confiée en garde à l'ordre des Hospitaliers de Saint-Jean-de-Jérusalem. Mais la couronne de France sut prélever sa part au passage, une part considérable. Toutes les dettes du trésor royal envers le Temple, et elles étaient immenses, se trouvaient annulées. En outre, les commissaires du roi se saisirent de toutes les espèces accumulées dans les différentes maisons du Temple en France. Enfin, prétextant, sans preuves et contre toute vraisemblance, que les Templiers restaient débiteurs envers lui de sommes considérables, Philippe le Bel obligea les Hospitaliers à lui verser une somme de deux cent mille livres. Dans l'ensemble, l'opération avait été très fructueuse pour le roi et la monarchie.

Philippe ne put guère en profiter. Il mourut à la fin de novembre 1314. Au reste, dans les six mois qui suivirent le supplice de Jacques de Molay et de son compagnon, non seulement le roi de France, mais aussi le pape Clément V et Guillaume de Nogaret moururent. Le peuple, qui avait été très impressionné par la mort atroce du grand maître du Temple, crut que ce dernier, avant de mourir, avait cité ses trois ennemis à comparaître devant le tribunal de Dieu, et que cette sentence s'était réalisée en moins d'une demi-année.

◁ **Funérailles de Philippe le Bel.** Le roi mourut à Fontainebleau, un vendredi, le 30 novembre 1314. Il fut enterré à Saint-Denis quatre jours plus tard. De sa femme Jeanne de Navarre (1270-1304), qu'il aima fidèlement, il eut sept enfants, dont trois fils qui se succédèrent sur le trône entre 1314 et 1328. Miniature du XVe siècle. B. N. *Phot. B. N.*

Les trois fils de Philippe le Bel. ▷ À la mort du roi (1314), l'avenir de la dynastie paraissait solidement assuré : ses trois fils avait respectivement 25, 21 et 19 ans et semblaient de santé resplendissante. Or les deux aînés, Louis et Philippe, moururent avant 30 ans, et le troisième, Charles, trépassa à 33 ans. Ils eurent chacun plusieurs enfants, mais tous leurs fils moururent en bas âge. Miniature du XVe siècle. B. N. *Phot. B. N.*

Une page du bréviaire de Philippe le Bel : couronnement de David (en haut) ; combat de David et Goliath (en bas). L'enluminure parisienne connut une intense production pendant le règne de Philippe le Bel. L'atelier le plus remarquable semble avoir été celui de « Maître Honoré » (cité entre 1288 et 1296), qui travaillait pour le roi et réalisa le somptueux bréviaire reproduit ici. Par son élégance et sa maîtrise des couleurs, l'art de Maître Honoré s'inscrit dans la tradition parisienne du XIIIe siècle ; mais, en tentant de modeler les corps et les plis par des contrastes d'éclairage, il annonce aussi les nouveautés qui s'accompliront quelques années plus tard autour du génial Jean Pucelle (actif vers 1320-1333). B. N.
Phot. B. N.

1315-1328 Les derniers rois capétiens

PHILIPPE LE BEL FUT LE DERNIER GRAND ROI CAPÉTIEN dont la politique assura au royaume et à la dynastie un prestige et une puissance qui firent de la France la première des nations européennes. Ses trois fils, qui se succédèrent sur le trône jusqu'à l'avènement des Valois, en 1328, tentèrent de suivre ses traces et de profiter de l'immense œuvre accomplie : la féodalité progressivement réduite à l'obéissance, se résignant à reconnaître la souveraineté complète du roi au point de s'être laissé dépouiller par lui de ses plus précieux privilèges en matière de justice et de finances ; l'Église devenue docile et soumise à la monarchie, ne cherchant plus à Rome l'inspiration de sa conduite ; le royaume dans son ensemble s'organisant graduellement, agrandissant son territoire et se dotant de structures administratives préfigurant déjà ce que doit être un État moderne.

Toutefois, la fin du règne de Philippe le Bel fut marquée par un certain nombre de difficultés, qui s'amplifièrent après sa mort. Difficultés économiques, tout d'abord, qui apparurent à la fin du XIIIe siècle et qui persistèrent durant tout le XIVe. Difficultés politiques, également, dues pour une part à la crise économique naissante et pour une autre au développement continuel de l'autorité monarchique. Les manipulations monétaires avaient surpris et désorienté l'opinion ; la politique financière et fiscale avait mécontenté presque tout le royaume. En 1314, avant la mort du roi, une agitation générale ébranla toutes les classes de la société. Contre les taxes et les impôts nouveaux, des ligues provinciales de contribuables réfractaires se formaient un peu partout dans le royaume sous l'impulsion de la noblesse.

Malgré de délicats problèmes de succession et une crise dynastique sans précédent, la monarchie sut réagir, du moins momentanément. L'œuvre accomplie par Philippe Auguste, Saint Louis et Philippe le Bel était trop forte et trop profonde pour être remise en question en quelques années. De la France féodale du XIe siècle, morcelée à l'infini et sans véritable gouvernement, les grands rois capétiens avaient réussi à faire un État moderne et centralisé. Avant le temps des crises, il n'est donc pas inutile de faire un bilan de leurs efforts, de voir comment la France était gouvernée et quelle était sa juste place dans l'Europe du début du XIVe siècle, lorsque le rôle de Paris, le prestige de l'université et l'épanouissement de l'art gothique contribuaient à en faire le centre culturel de la chrétienté.

◁ **Joinville offrant son *Histoire de Saint Louis* à Louis le Hutin, roi de Navarre.** La canonisation de Louis IX en 1297 apporta à la dynastie capétienne et au royaume de France un prestige considérable. Le procès de canonisation, entrepris, à la demande de Philippe le Bel, par Boniface VIII, fut conduit avec une scrupuleuse minutie. De nombreux survivants parmi les proches du saint roi furent interrogés ; ainsi Jean de Joinville. Toutefois, ce ne fut qu'une dizaine d'années plus tard que celui-ci, âgé de près de 90 ans, mit par écrit sa célèbre *Histoire de Saint Louis,* au reste tout autant écrite à la gloire de Joinville qu'à celle du roi. Miniature du XIVe siècle. B. N.
Phot. Tallandier.

La fin d'une dynastie

PHILIPPE LE BEL SEMBLE AVOIR ÉTÉ SURPRIS par les différents mouvements de mécontentement qui agitèrent l'année 1314, la dernière de son règne et la plus sombre. Les brus du roi avaient en effet été convaincues d'adultère (ce sont les célèbres scandales de la tour de Nesle) et emprisonnées ; la suppression de l'ordre du Temple et le supplice de Jacques de Molay avaient beaucoup frappé les esprits ; les impôts étaient de plus en plus impopulaires. Sur son lit de mort, Philippe dut faire des concessions et supprimer notamment la levée des aides en Bourgogne.

Les ligues féodales et l'agitation intérieure. La Bourgogne était en effet la province la plus agitée. Dès novembre 1314, plusieurs seigneurs s'étaient ligués, auxquels s'étaient joints des prélats et le « commun » de onze villes. Le but était de résister aux entreprises « déraisonnables » du roi, à sa politique fiscale et à la tyrannie de ses agents. D'autres ligues se consti-

△**Sceau de Marguerite de Provence,** veuve de Saint Louis (1294). La vieille reine, au caractère difficile, mourut vingt-cinq ans après son époux, en 1295, âgée de 75 ans. Archives Nationales. *Phot. Lauros-Giraudon.*

Châtiment d'une femme adultère. Peinture tirée d'un manuscrit des Coutumes de Toulouse, copié vers 1295-1296. B. N. *Phot. B. N.* ▷

tuèrent peu à peu dans d'autres provinces de la France du Nord. Partout on présentait au nouveau roi, Louis X, des réclamations de toutes natures, et on demandait le départ des conseillers du roi défunt. Louis X réussit à calmer momentanément les esprits en sacrifiant Enguerrand de Marigny, ministre des Finances officieux de son père et bouc émissaire de la révolte générale. Il fut pendu pour prévarication et sorcellerie au gibet de Montfaucon au mois d'avril 1315.

Le jeune roi dut également concéder aux ligues un certain nombre de promesses de réforme, énumérées dans des chartes provinciales octroyées tout au long de l'année 1315. Ces chartes restèrent pour la plupart lettre morte, sauf la Charte aux Normands, qui demeurera invoquée jusqu'à la fin de l'Ancien Régime comme le texte essentiel affirmant les libertés de la province. Le mouvement s'apaisa progressivement, même si, en certains endroits, les nobles s'agitèrent jusqu'en 1317, notamment lorsque Philippe le Long, frère de Louis X, évinça de la succession au trône sa nièce Jeanne de Navarre. N'ayant pas reçu l'appui des masses, sauf au tout début, ces ligues féodales et provinciales n'eurent que des conséquences superficielles. Le gouvernement royal n'avait guère été affaibli par la crise. Il n'avait pas été renforcé non plus, et la situation économique et financière du royaume se dégradait.

Durant quinze ans, les fils de Philippe le Bel se trouvèrent en effet confrontés aux mêmes problèmes que leur père et ne réussirent pas à les résoudre. Les affaires flamandes demeuraient une source constante de difficultés, la dynastie comtale se rebellant sans cesse contre l'autorité

△ **Gisants de Charles IV le Bel († 1328)** et de sa troisième femme, Jeanne d'Évreux († 1371), dans la basilique de Saint-Denis.
Phot. Lauros-Giraudon.

Louis X recevant des mains ▷ de l'archevêque de Rouen un exemplaire de la Charte aux Normands, confirmant les us, coutumes et privilèges de la province. Miniature du XIVe siècle.
Phot. Bulloz.

royale, et les villes étant dans un état d'agitation perpétuelle. Il faudra attendre 1328 et la victoire de Cassel pour faire enfin rentrer les Flamands dans l'obéissance. De même, la question d'Aquitaine n'était pas résolue. Sous Charles IV, la guerre reprit entre le roi de France et le roi d'Angleterre, qui dut se résigner à céder l'Agenais en 1327.

Mais, surtout, la monarchie manquait d'argent. On eut recours à divers expédients, comme le rappel des juifs ou la vente de chartes d'affranchissement aux serfs du domaine royal. L'économie présentait partout de graves signes de fléchissement, annonciateurs de temps difficiles. De 1315 à 1317, une grave famine sévit dans différentes parties du royaume ; elle revint en 1320 et 1321. Le désarroi était immense et les rumeurs les plus folles circulaient. Ainsi se mit-on à dire que les lépreux empoisonnaient les fontaines et qu'il fallait les massacrer. Ce qui fut fait en différentes régions en 1321. L'année suivante, on vit réapparaître les pastoureaux, bandes de bergers et de vagabonds se livrant, comme pendant la captivité de Saint Louis, à des exactions et à des pillages de toutes sortes, notamment dans le Berry et en Languedoc. Le clergé et les juifs en furent les principales victimes ; mais leurs bandes finirent par être détruites dans la sénéchaussée de Carcassonne.

Les problèmes de succession au trône. Louis X le Hutin (c'est-à-dire le Querelleur), fils aîné de Philippe le Bel, roi médiocre, ne régna que deux ans. Il mourut au début du mois de juin 1316, laissant

une fille âgée de cinq ans et demi, Jeanne, que sa mort faisait automatiquement reine de Navarre. Allait-elle aussi devenir reine de France ? Deux obstacles se dressaient devant elle. Tout d'abord, l'ambition de son oncle et tuteur, Philippe le Long, comte de Poitiers, second fils de Philippe le Bel, régent du royaume dès le mois de juillet 1316. Puis la veuve du roi défunt, Clémence de Hongrie, qui était enceinte et qui, en novembre de cette même année, donna naissance à un fils, Jean. Sans contestation possible, la couronne revenait à ce jeune prince, premier fils du feu roi. Mais il ne vécut que quelques jours (les accusations d'empoisonnement, nées au XIVe siècle même et reprises par l'historiographie romantique, ne semblent guère fondées). C'était la première fois depuis l'avènement d'Hugues Capet que l'on se trouvait devant une telle situation. Une femme pouvait-elle accéder au trône de France ?

La réponse fut négative. Philippe le Long, dès la mort du petit Jean, s'entendit avec le frère de Philippe le Bel, Charles de Valois, le prince le plus puissant du royaume, et avec son jeune frère Charles, comte de la Marche. Il se fit reconnaître par eux roi de France et, brusquant les événements, alla se faire sacrer à Reims le 9 janvier 1317. Plusieurs barons et grands seigneurs protestèrent et refusèrent de se rendre au sacre. Philippe, désormais Philippe V le Long, roi de France, prit alors le parti de réunir à Paris, rapidement, une assemblée de prélats, de nobles, de bourgeois et de docteurs de l'université, tous dévoués à sa cause ; le 2 février, cette assemblée déclara que « femme ne peut succéder au royaume de France ».

Cette sentence suscita bien des résistances, et Philippe V, personnage ambitieux et intelligent, dut faire de nombreuses concessions, en fiefs, en argent, en promesses de toutes sortes. Mais il régna et, pendant cinq ans, sut être un souverain avisé, digne fils de Philippe le Bel (1317-1322).

L'interprétation faite en 1316-1317 des lois et des traditions du royaume de France (on n'invoqua la loi salique que beaucoup plus tard), éloignant les femmes de la succession au trône, se retourna presque aussitôt contre celui qui l'avait provoquée. Philippe V mourut en effet au début du mois de janvier 1322, ne laissant que des filles. Celles-ci furent aussitôt écartées

Le roi Philippe V surveillant les rentrées d'impôts. ▷ L'administration financière du royaume fut plusieurs fois réorganisée sous Philippe le Bel et ses fils (qui tous furent constamment à court d'argent). Tous les impôts, taxes et redevances étaient perçus par les prévôts, les baillis ou les sénéchaux. En raison de leurs multiples tâches, ces derniers étaient souvent assistés de receveurs. Après avoir acquitté sur place les dépenses locales, baillis et sénéchaux versaient l'excédent des recettes dans les caisses des trésoriers royaux. À partir de Philippe le Bel, il y eut deux trésors : l'un au Temple, celui du roi ; l'autre au Louvre, le trésor public. Miniature du XVe siècle. B. N. *Phot. B. N.*

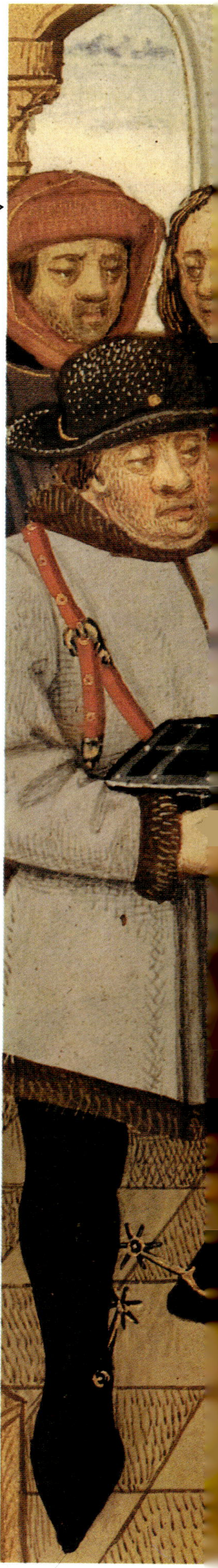

Deux événements importants du début du règne de Louis X : ▷ la pendaison d'Enguerrand de Marigny au gibet de Montfaucon, et l'ambassade du chancelier de France, Hue de Boville, en Hongrie, afin de demander la main de la fille du roi pour son souverain. Le mariage de Louis X et de Clémence de Hongrie fut célébré le 5 juin 1315. Le roi mourut l'année suivante, après moins de deux ans de règne. La reine lui survécut treize ans, après avoir mis au monde, en novembre 1316, un fils posthume qui ne vécut que quelques jours. Miniature du XVe siècle. *Photothèque Éditions Robert Laffont.*

de la succession au profit de leur oncle Charles, comte de la Marche, qui, sans difficulté aucune, devint Charles IV le Bel, roi de France.

Ce souverain mourut six ans plus tard, âgé seulement de trente-trois ans, ne laissant lui aussi que des filles. Il était le dernier des fils de Philippe le Bel. À qui allait donc revenir la couronne de France ?

Le gouvernement de la France. Tandis que les rois se succédaient, les institutions capétiennes demeuraient. Elles avaient depuis longtemps permis que la médiocrité de tel ou tel souverain — Louis VII, Philippe III, Louis X — ne portât pas un préjudice trop grand à l'œuvre commune. Elles avaient surtout favorisé la centralisation et l'ordre du royaume. Contrairement à l'Allemagne, par exemple, éparpillée en plusieurs centaines de principautés différentes, la France possédait une unité monarchique et territoriale. C'était aussi, à l'aube du XIVe siècle et depuis longtemps, le pays le plus peuplé et le plus riche d'Europe.

Le roi de France était à la fois propriétaire d'un domaine, suzerain féodal (c'est-à-dire le seigneur des seigneurs) et souverain d'un État national. Au fil des décennies, ce rôle de souverain était devenu de plus en plus important. Ainsi, alors qu'à l'origine tous les services de la Couronne se groupaient autour de la personne du roi et se

△ **Le sacre de Charles IV le Bel.** Il eut lieu à Reims le 11 janvier 1322. Le roi avait 27 ans. De sa femme Blanche de Bourgogne, qu'il venait de répudier, il n'avait eu qu'une fille. En six années, il se remariera encore deux fois, aura quatre enfants, mais aucun fils pour lui survivre et lui succéder. Miniature du XIVe siècle. B. N.
Phot. B. N.

Mariage de Charles IV le Bel et de Marie de Luxembourg (1322). Ce fut là la première alliance royale entre les Capétiens et la puissante maison de Luxembourg, qui régnait sur l'Empire. Dix ans plus tard, Jean le Bon, alors duc de Normandie, fils du roi Philippe VI, épousera Bonne de Luxembourg, qui apportera à la cour des Valois le goût des arts et du faste. Miniature du XVe siècle. ▷
Phot. B. N.

déplaçaient avec lui, ils se stabilisèrent pendant le règne de Philippe Auguste, et vers 1200-1220 le royaume avait une capitale fixe et non plus nomade, avec des bureaux et des services administratifs. Un siècle plus tard, cette fonction de Paris comme capitale était devenue un des rouages essentiels du gouvernement de la France. De même, en deux siècles, l'entourage du roi s'était profondément modifié. Au XIIe siècle encore, ceux qui l'aidaient à gérer les affaires du royaume étaient ceux qui le servaient à table (bouteillers, échansons, panetiers), dans ses appartements (chambriers, chambellans), dans ses écuries (connétables), pour sa correspondance (chanceliers), etc. Ils vivaient dans son palais, c'étaient ses palatins ; ou dans sa demeure, c'étaient ses domestiques. Puisqu'ils administraient et gouvernaient avec lui, ils étaient à la fois conseillers privés et fonctionnaires. Et les plus importants d'entre eux (bouteillers, chambriers, connétables) étaient les « grands officiers » de la Couronne. Dans le courant du XIIIe siècle, on commença de distinguer la vie privée du roi, gérée par les services de l'hôtel, et la vie publique du royaume. C'était là une nouveauté. Secrétaires et ministres apparurent : d'abord de grands seigneurs, puis des gens de moindre naissance, mais d'instruction plus solide. On disait de moins en moins « le palais du roi », mais « la cour du roi ».

Toutefois, ce gouvernement central, même avant les assemblées d'états réunies par Philippe le Bel à partir de 1302,

△ **Charles IV accueille à Paris sa sœur Isabelle,** reine d'Angleterre. Isabelle épousa Édouard II en 1309. Délaissée par son mari, qui lui préférait ses favoris, elle s'enfuit en France (1325) ; puis avec son amant Roger Mortimer, elle retourna en Angleterre, où elle fit assassiner son royal époux (1327). Elle exerça la régence jusqu'à ce que son fils, Édouard III, s'emparât du pouvoir, envoyât Mortimer à l'échafaud et elle-même au fond d'un château. Elle y mourut vingt-huit ans plus tard. Miniature du XIVe siècle. *Phot. Archives de documentation photographique Cauboue.*

consultait de temps en temps le clergé, la noblesse et les villes : l'opinion était une force et le roi ne pouvait la négliger. Il essaya à plusieurs reprises, au contraire, de s'en servir. Pourtant, ces assemblées, qui devinrent beaucoup plus tard les états généraux, étaient bien trop intermittentes et circonstancielles pour remplacer la cour du roi et les organes de gouvernement. En France, l'État avait en quelque sorte précédé la nation (contrairement à ce qui s'était passé en Angleterre, au XIIIe siècle).

Pour être présente à travers tout le royaume, la monarchie avait besoin d'agents locaux. Ce furent d'abord, dès la

fin du XIe siècle, les prévôts ; puis, au siècle suivant, les baillis et les sénéchaux. Leur nombre augmenta sans cesse, au fur et à mesure de l'extension du domaine et du royaume : une dizaine de prévôts en 1108, 45 en 1204, 177 en 1301 ; de même pour les baillis et les sénéchaux, au nombre d'une trentaine en 1328. Ces agents locaux avaient tous les pouvoirs, politique, administratif, judiciaire, financier, militaire, confondus entre leurs mains comme ils l'étaient dans celles du roi. C'est contre leur tyrannie, plus encore que contre les impôts nouveaux, que s'élevèrent les ligues des années 1314-1317.

Les fonctions de la monarchie capétienne. Servie par de bons organes de gouvernement, la monarchie capétienne exerçait des fonctions universelles. À partir de 1144, le roi rendait des ordonnances applicables au royaume entier, notamment en matière de justice. Car, si l'administration proprement dite ne dépassait guère, au XIIe siècle, les bornes du domaine royal, la justice du roi, délégué de Dieu en cette matière, s'étendait jusqu'aux limites du royaume. Cela devint une réalité définitive, pendant le règne de Saint Louis, lorsque l'on put de toute sentence féodale faire appel devant le tribunal du roi. Bien plus, à la fin du XIIIe siècle, si, pour un délit ou pour un crime, le juge local était trop lent à se saisir de l'affaire, le juge royal avait le droit de le devancer ; et certains cas lui étaient même réservés. En première instance ou en appel, le roi était ainsi devenu le premier justicier du royaume.

S'il lui arrivait encore quelquefois de rendre la justice en personne, comme Saint Louis sous son chêne de Vincennes, il déléguait presque toujours sa justice à des agents locaux et, au-dessus d'eux, aux conseillers de sa cour spécialisés dans l'étude des procès. Ce fut là l'origine de ce que l'on nomma, à partir du milieu du XIIIe siècle, le *parlement.* Il jugeait en première instance toutes les causes notables du royaume et en seconde toutes celles dont on faisait appel. Tenant d'abord plusieurs sessions par an (cinq sous Saint Louis, trois sous Philippe le Bel), le parlement, dès 1328, finit par ne plus en tenir qu'une seule, commençant le 11 novembre et durant presque toute l'année.

L'organisation judiciaire était donc, pour l'essentiel, mis en place avant l'avènement des Valois. Il n'en était pas de même des finances. Le roi n'avait pour ainsi dire à sa disposition que les revenus de son domaine, c'est-à-dire des ressources de type seigneurial. Quand il lui fallut en trouver d'autres, comme sous Philippe le Bel, la nation ne le comprit guère et se révolta. C'est seulement pendant la guerre de Cent Ans, et sous la menace du péril extérieur, que les rois de France réussirent à créer de véritables impôts d'État.

Il en fut de même de l'armée. Si le roi, au début du XIVe siècle, revendiquait pour lui seul le droit de faire la guerre et interdisait les guerres privées (ce que les seigneurs n'acceptaient pas), son armée restait plus féodale que monarchique. En cas de péril, il ne pouvait recruter que ses vassaux et les vassaux de ses vassaux, et pour un temps limité seulement. Il payait également des mercenaires avec l'argent que lui procurait le rachat de ce service d'ost par certains seigneurs. Mais l'armée nationale, et même monarchique, était encore loin. Il lui fallut traverser les dures épreuves de la guerre de Cent Ans avant de se constituer.

△ **Sceau équestre de Jean de Coucy,** sire de Vervins, appendu à la charte constituant une ligue de seigneurs de Picardie refusant les impôts royaux (1314). Archives nationales.
Phot. Bulloz.

◁ **Le Christ** déléguant le pouvoir spirituel au pape et le pouvoir temporel au roi. Miniature du XIVe siècle. B. N.
Phot. Giraudon.

Enquête pontificale en vue de la canonisation de Saint Louis. Scène tirée d'un manuscrit d'une traduction de la *Vie de Saint Louis* par Guillaume de Saint-Pathus, peint vers 1320. ▷
Phot. B. N.

Le développement de Paris. La position de Paris, sur la Seine, au cœur du domaine royal, lui avait valu, depuis l'époque gallo-romaine, une importante fonction économique et politique. Celle-ci se développa considérablement tout au long du XIIIe siècle, d'abord pendant le règne de Philippe Auguste, puis sous les règnes de Saint Louis et de Philippe le Bel. La « Hanse des marchands de l'eau » — corporation de négociants contrôlant le commerce fluvial sur la Seine — acquit des privilèges et des pouvoirs considérables, et ses dirigeants — les quatre échevins et le prévôt des marchands — devinrent les magistrats mêmes de la cité.

Les grands rois capétiens semblent également avoir compris de bonne heure le rôle exceptionnel que Paris était appelé à jouer dans l'histoire du royaume. Ils ne cessèrent d'agrandir et d'embellir la ville. Philippe Auguste fit construire de nouveaux murs et paver les deux rues principales. Il entreprit la construction du Louvre et développa les Halles. Saint Louis fit édifier la Sainte-Chapelle, réorganisa le palais de la Cité (bientôt abandonné au parlement). Sous Philippe le Bel, la structure tripartite de l'agglomération paraissait ne plus pouvoir être remise en question : au nord, les affaires, les métiers, les marchés ; au centre, dans l'île de la Cité et sur les bords de la Seine, le pouvoir royal et le pouvoir ecclésiastique ; au sud, la science et l'université.

Cette dernière, surnommée « nouvelle Athènes », valait à la capitale du royaume un prestige international. Étudiants — au nombre de cinq ou six mille au début du XIVe siècle — et maîtres y venaient de toute la chrétienté. Sa faculté de théologie notamment, où avait enseigné Thomas d'Aquin, était sans rivale en Europe.

◁**Sceau de l'université de Paris.** Ce sceau, dont la matrice a probablement été gravée au milieu du XIIIe siècle, montre deux des saints patrons du monde universitaire, Nicolas et Catherine, entourant la Vierge ; au-dessous, deux docteurs assis dans des chaires se font face et surplombent quatre étudiants en train de lire.
Phot. Jean Vigne.

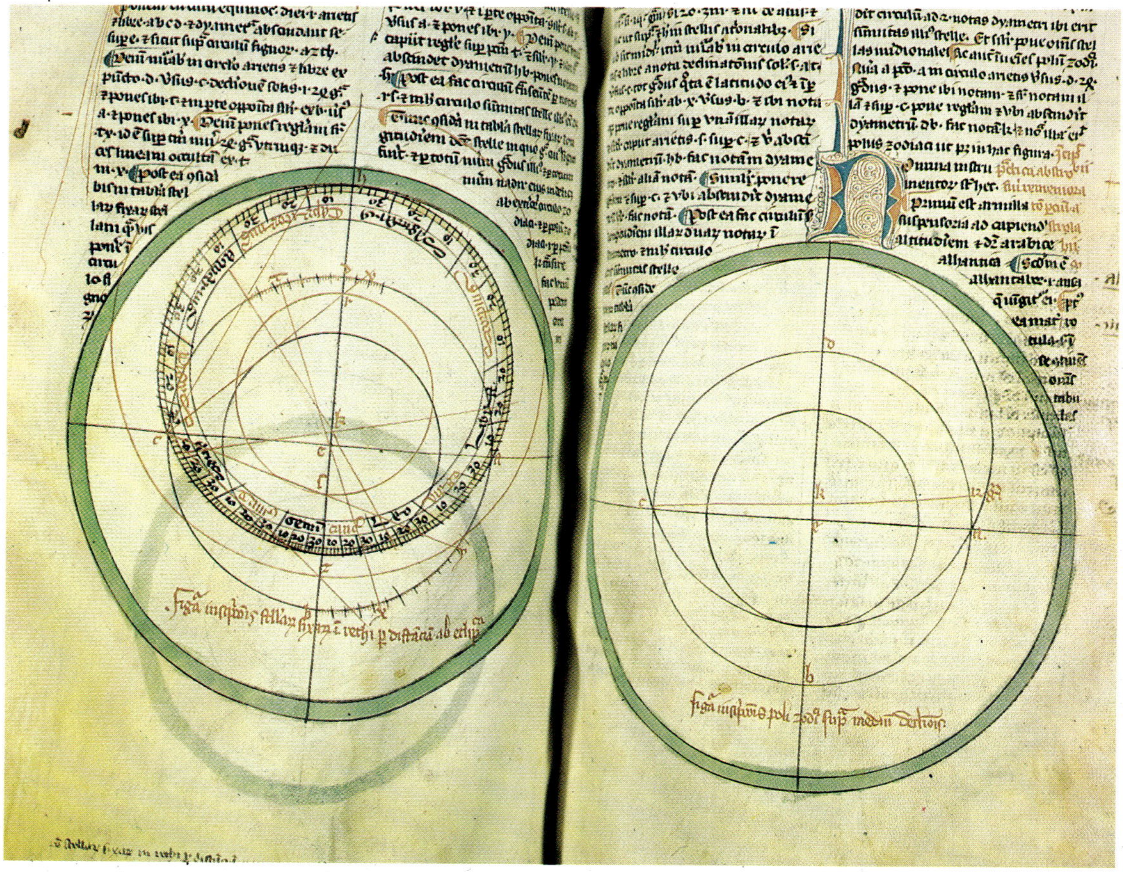

◁**Bas de page d'un traité d'arithmétique et d'astronomie,** compilé et copié au XIIIe siècle.
Phot. Jean Vigne.

Prestige et organisation de l'université. Suivant les matières exposées, l'enseignement était en effet réparti entre quatre facultés : arts, médecine, droit et théologie. Chacune avait à sa tête un doyen. La faculté des arts était celle qui comptait le plus grand nombre d'étudiants ; elle correspondait à ce que l'on pourrait appeler « le premier cycle » et dispensait l'étude des sept arts libéraux qu'embrassait l'enseignement classique : grammaire, dialectique, rhétorique, arithmétique, géométrie, astronomie et musique.

Les cours, qui se donnaient toujours en latin, comportaient soit des *leçons*, où le maître dictait, expliquait et commentait un texte, soit des *disputes*, où les différents professeurs discutaient entre eux devant les étudiants sur une question proposée à l'avance. Le but essentiel de l'enseignement était d'apprendre aux étudiants à raisonner suivant les règles de la scolastique, c'est-à-dire à bien distinguer et analyser le pour et le contre dans un problème donné. Plutôt que d'aller au fond des choses, on apprenait à débattre avec ingéniosité et subtilité. Bien souvent, le rôle des élèves se bornait à prendre des notes. Deux examens marquaient le terme des études : le baccalauréat et la licence ; cette dernière donnait le droit d'enseigner.

Comme les étudiants, les maîtres se recrutaient dans tous les pays. Un grand

△**Un cours de théologie à l'université de Paris** à la fin du Moyen Âge. Longtemps encore l'enseignement resta dominé par les clercs (ici un franciscain), puis devint de plus en plus magistral et solennel. Les maîtres se donnaient des allures de grands personnages et trônaient dans des cathèdres. Le livre était devenu l'instrument essentiel de la pédagogie et servait à suivre le cours, qui se limitait souvent au commentaire d'un texte. Miniature du XVe siècle. Bibliothèque de Troyes.
Phot. Explorer Archives.

nombre d'entre eux appartenaient aux divers ordres religieux, notamment aux ordres mendiants, Dominicains et Franciscains surtout. Comme l'université n'avait pas de locaux particuliers, ils enseignaient dans leurs couvents ou bien dans des maisons ou des salles louées. L'année universitaire connaissait une période de moindre activité entre le 29 juin et le

Scènes de la vie quotidienne au collège Hubaut, à Paris, au XIVe siècle. Fondations charitables, les collèges n'ont d'abord accueilli qu'une minorité de privilégiés et ne furent que rarement des centres d'enseignement. Le cas du collège fondé en 1257 par Robert de Sorbon et qui, sous le nom de Sorbonne, finit par se confondre avec la faculté de théologie de l'université de Paris, resta longtemps exceptionnel. Du moins en France, car en Angleterre, à Oxford et à Cambridge, l'enseignement s'éparpilla de bonne heure dans les collèges, suivant un système qui était déjà à la fin du XIIIe siècle ce qu'il est aujourd'hui.
Phot. Jean Vigne.

14 septembre ; elle s'interrompait pendant le carême, reprenait le jeudi après Pâques et se terminait à la fin de juin. Les étudiants choisissaient eux-mêmes, parmi les innombrables maîtres, ceux dont ils voulaient suivre les leçons. Ils s'entendaient directement avec eux pour leur remettre des honoraires, généralement faibles, du fait de la modestie de leurs ressources.

◁**Scènes de la vie quotidienne au collège Hubaut,** à Paris, au XIVe siècle. Les grands collèges parisiens étaient parfois de véritables seigneuries à l'intérieur de la cité. Ils louaient ou achetaient des maisons, les exploitaient commercialement, se faisaient reconnaître des droits de juridiction et de police sur les rues et le quartier environnants, logeaient dans leurs bâtiments les grandes familles de magistrats, notamment ceux du parlement. Progressivement, s'instaura ainsi une véritable aristocratisation du monde universitaire, de plus en plus fermé à la vie de la ville.
Phot. Jean Vigne.

En dehors des cours, les étudiants menaient une vie libre et souvent agitée. Les plus pauvres étaient obligés d'exercer un métier ; les plus riches logeaient chez l'habitant ; tous fréquentaient assidûment tavernes et cabarets. La vie du quartier de l'université — on disait déjà « le quartier latin » — était agitée ; bien des endroits y étaient malfamés. Pour aider les étudiants pauvres et les soustraire à des influences dangereuses, des personnes charitables avaient, de leurs deniers, fondé à leur intention des maisons où ils recevaient le gîte et la nourriture : ce fut là l'origine des premiers collèges. Robert de Sorbon, chapelain de Saint Louis, fonda celui qui devint la Sorbonne. Sous Philippe le Bel, des établissements semblables se multiplièrent (collèges d'Harcourt, de Navarre, du Plessis), puis se transformèrent progressivement, à la fin du Moyen Âge, en des lieux d'enseignement.

L'épanouissement de l'art gothique. L'époque des derniers Capétiens directs fut celle où s'épanouit définitivement, un peu partout dans le royaume, cette forme de construction architecturale apparue dans le courant du XIIe siècle et que l'on nomma improprement « art gothique », c'est-à-dire « art barbare », « digne des Goths », expression péjorative utilisée par les classiques, qui méprisaient tout ce qui n'était pas imité de l'art gréco-romain.

Au lendemain des invasions et des troubles qui s'ensuivirent, l'augmentation de la population, la multiplication des défrichements, la création de paroisses favori-

◁ **Les soins du pied.** L'homme du Moyen Âge, du moins dans les milieux favorisés, accordait un soin extrême à ses pieds, tout à la fois points d'appui du corps, signes de pouvoir et symboles des origines. Miniature du XIVe siècle.
Phot. Jean Vigne.

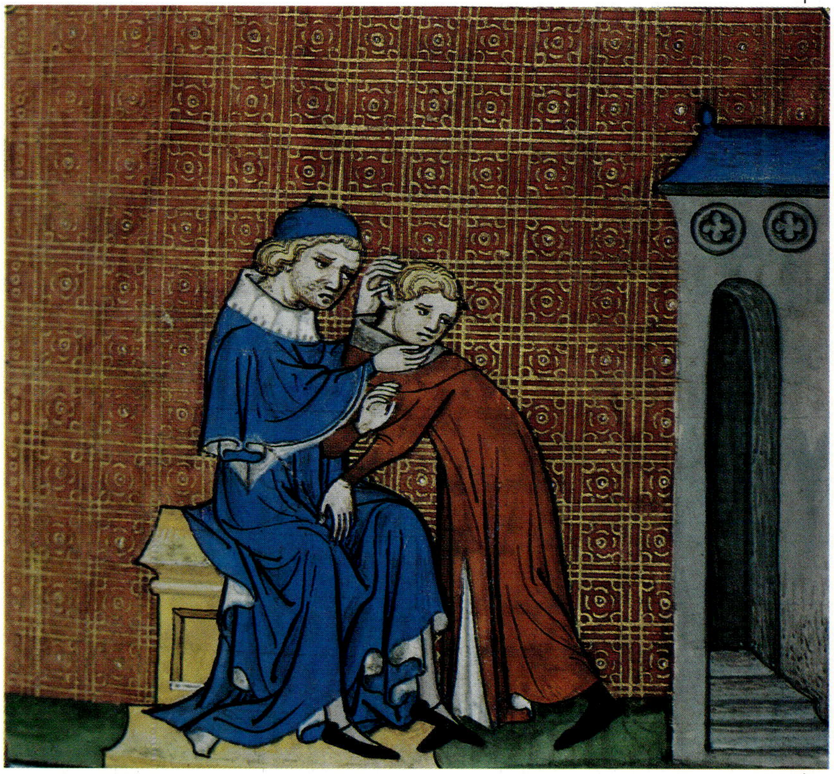

Un médecin et son malade. ▷ La thérapeutique médiévale reposait sur trois domaines : d'abord la foi et les pratiques « magiques » (prières, pèlerinages, reliques, saints guérisseurs, etc.) ; ensuite la diététique, l'hygiène et la balnéothérapie (la maladie étant considérée comme un déséquilibre des humeurs) ; enfin la pharmacopée, essentiellement tirée du monde végétal. Miniature du XIVe siècle.
Phot. Jean Vigne.

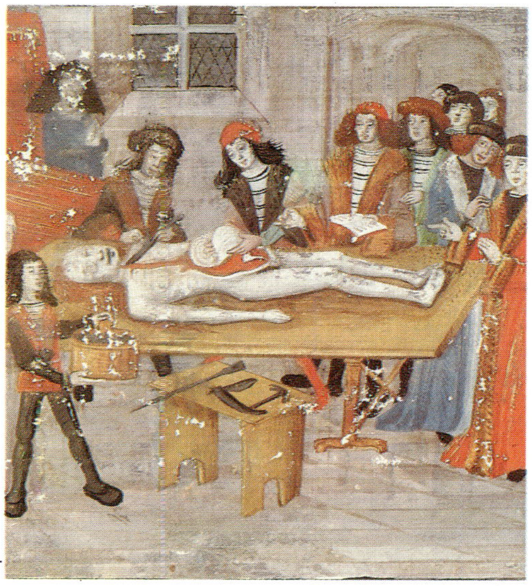

◁ **Leçon de chirurgie à la faculté de médecine de Montpellier.** La médecine posa à l'homme du Moyen Âge un problème à la fois moral et théologique. D'une part, elle était inutile, puisqu'elle cherchait à soigner le corps, qui était méprisable ; mais, d'autre part, ce corps était le soutien de l'âme, et le fortifier pouvait se justifier. Le médecin, comme le forgeron, était une sorte de magicien, tout ensemble redouté et honni. Miniature du XIVe siècle. Faculté de médecine de Montpellier.
Phot. Lauros-Giraudon.

sèrent la construction d'églises nouvelles, en même temps qu'il fallait rebâtir celles qui avaient été détruites. De ville à ville et de village à village, ce fut une émulation ardente pour ouvrir des chantiers et y édifier des sanctuaires toujours plus grands, toujours plus beaux, toujours plus lumineux. Le développement des villes et l'essor des ordres religieux assurèrent la permanence de ce mouvement architectural au cours du XIIe et du XIIIe siècle ainsi que durant la première moitié du XIVe, le peuple y participant de toute sa foi, fournissant les équipes d'ouvriers, donnant largement de son temps et de sa peine.

Pour assurer la solidité des murs, les architectes de l'époque romane avaient en effet dû augmenter leur épaisseur et y pratiquer le moins possible d'ouvertures : d'où, en général, des édifices trapus, avec des fenêtres rares et étroites. Afin d'obtenir des monuments plus légers et plus lumineux, une nouvelle technique fut élaborée au milieu du XIIe siècle : la croisée d'ogives. Pour mieux soutenir et alléger la voûte, on imagina, en effet, avant de la construire, de lancer d'un mur à l'autre des arcs brisés de renfort en pierre (ogives) se croisant en diagonale et combinés avec les arcs-doubleaux. Dès lors, la poussée exercée par les matériaux de la voûte, à condition que cette dernière ait été contrariée par des arcs-boutants au lieu de retomber uniformément sur toute l'étendue des murs, ne s'exerça plus qu'aux points précis où s'appuyaient les arcs de la croisée d'ogives, c'est-à-dire sur les piliers. En conséquence, il ne fut plus besoin de garder partout aux murs une même épaisseur. Il fut donc possible d'y percer des ouvertures de plus en plus larges pour y faire pénétrer la lumière. Et, comme leur édification coûtait moins cher, leurs constructeurs purent augmenter leur élévation en hauteur et donner à l'édifice plus d'ampleur et de légèreté.

L'histoire de l'architecture gothique française fut ainsi marquée, du XIIe au XIVe siècle, par un effort constant pour toujours donner aux édifices plus de clarté et d'élan. Les premières cathédrales (Sens, Laon, Notre-Dame de Paris) gardaient encore quelque chose de la massivité des églises romanes. Celles du début du XIIIe siècle (Soissons, Bourges, Rouen, Reims, Amiens) sont déjà plus élancées et plus lumineuses. Mais c'est avec les cathédrales de l'époque de Saint Louis (Beauvais, Troyes, Auxerre, Metz) que les architectes, devenus pleinement maîtres de leur art, accomplirent des tours de force pour élever la voûte à des hauteurs prodigieuses et réduire les murs à leur plus simple expression : la Sainte-Chapelle de Paris, construite de 1246 à 1248, apparut ainsi comme un véritable temple de verre.

△**Tête du gisant de Clémence de Hongrie,** veuve du roi Louis X. Après la mort de Jean Ier le Posthume, la reine se retira dans une maison franciscaine, où elle mourut en 1328.
Phot. Tallandier.

L'architecture gothique à ▷ son apogée : nef et chœur de la cathédrale de Troyes.
Phot. Lauros-Giraudon.

◁**Scènes de la vie parisienne** au début du XIVe siècle (en bas). Le Paris médiéval fut d'abord un port fluvial, et cette activité portuaire resta la principale jusqu'à l'époque moderne. Miniature tirée d'un manuscrit d'une vie de saint Denis. (En haut le moine Yves, de l'abbaye royale de Saint-Denis, offre son livre à Philippe V.)
Phot. Tallandier.

Page suivante :
Une page du *Grand Coutumier de Normandie* : les structures de la parenté. La révolte générale de la noblesse, qui marqua la fin du règne de Philippe le Bel, obligea son fils Louis X à faire des concessions lors de son avènement. Mais le nouveau roi eut l'habileté, au lieu de rédiger une charte unique, qui aurait pu devenir pour la France ce que la Grande Charte était pour l'Angleterre, d'accorder des privilèges particuliers à chaque province en s'inspirant de leurs coutumes. Parmi elles, la Charte aux Normands, dite *Grand Coutumier de Normandie,* concédée en juillet 1315.
Phot. Bulloz.

frater
soror

Chronologie

987. 21 mai. Mort accidentelle du dernier roi carolingien, Louis V.

987. 3 juillet. Sacre de Hugues Capet à Noyon.

996. 24 octobre. Mort de Hugues Capet. Avènement de Robert II le Pieux.

999. 2 avril. Élection de Gerbert, archevêque de Reims, à la papauté sous le nom de Sylvestre II (premier pape français).

1003-1009. Famines, épidémies, inondations et dévastations dans tout le royaume.

1029. Début des conquêtes normandes en Italie méridionale.

1031. 20 juillet. Mort de Robert le Pieux. Avènement de Henri Ier.

1032-1033. Famine dans tout le royaume.

1035. Guillaume le Bâtard devient duc de Normandie.

1043-1045. Famines et épidémies dans une grande partie du royaume.

1047. Victoire à Val-lès-Dunes du duc Guillaume le Bâtard et du roi Henri Ier sur les barons normands révoltés.

1050. 2 mai. Début du concile de Tours, condamnant l'hérésie de Bérenger.

1059. 23 août. Reconnaissance par le pape Nicolas II de la possession de l'Italie méridionale à Robert Guiscard avec le titre ducal.

1060. 4 août. Mort de Henri Ier. Avènement de Philippe Ier.

1066. 5 janvier. Mort du roi d'Angleterre Édouard le Confesseur.

14 octobre. Bataille de Hastings où fut tué le roi Harold.

25 décembre. Guillaume le Conquérant sacré roi d'Angleterre.

1069. Première manifestation du mouvement communal au Mans.

1073. Début du pontificat de Grégoire VII.

1085. 25 mai. Mort du pape Grégoire VII.

1085-1086. Rédaction du *Domesday Book* ou *Livre du Jugement dernier.*

1087. 9 septembre. Mort de Guillaume le Conquérant.

1091. Achèvement de la conquête de la Sicile par les Normands : prise de Noto.

1095. Concile de Clermont : excommunication du roi de France, Philippe Ier ; prédication de la première croisade par le pape Urbain II.

1098. Fondation de l'ordre de Cîteaux par Robert de Molesme.

1099. 15 juillet. Prise de Jérusalem par les croisés.

1108. 29 juillet. Mort de Philippe Ier. Avènement de Louis VI.

1108. 29 juillet. Avènement de Louis VI.

3 août. Sacre de Louis VI à Orléans.

1109-1112. Insurrection communale de Laon.

1115. Fondation de l'abbaye cistercienne de Clairvaux par saint Bernard. Mariage de Louis VI avec Adélaïde, fille du comte de Maurienne.

1118. Défaite de Hugues du Puiset par Louis VI.

1119. Fondation de l'ordre du Temple par Hugues de Payns. Mutilation d'Abélard.

1119. 20 août. Défaite de Louis VI à Brémule, dans le Vexin normand, devant les troupes d'Henri Ier.

1120. Naufrage de la *Blanche-Nef.*

1122. Concordat de Worms mettant fin à la querelle des investitures entre le pape et l'empereur. Première expédition en Auvergne.

1124. Vaine tentative de l'empereur Henri V pour envahir la Champagne. Premier témoignage d'un « sentiment national » en France.

1126. Deuxième expédition en Auvergne.

1127. 22 mars. Assassinat du comte de Flandre, Charles le Bon. Expéditions de Louis VI en Flandre et en Auvergne.

1131. 13 octobre. Mort de Philippe, fils aîné du roi.

25 octobre. Sacre à Reims du futur Louis VII, second fils du roi.

1132. Début de la construction de la basilique de Saint-Denis (premier grand chantier gothique en France), dirigée par Suger.

1135. Mort du roi d'Angleterre, Henri Ier Beauclerc. Avènement de son neveu Étienne de Blois.

1137. 15 juillet. Mariage du futur Louis VII avec Aliénor, fille du duc d'Aquitaine.

1er août. Mort de Louis VI.

1137. 27 juillet ou 1er août. Mariage de Louis le Jeune et d'Aliénor d'Aquitaine dans la cathédrale Saint-André de Bordeaux.

V. 1141-1143. Traduction du Coran en latin à la demande de Pierre le Vénérable, abbé de Cluny.

1143. Guerre de Louis VII contre le comte de Champagne. Incendie de Vitry-en-Perthois.

1144. Consécration du chœur de Saint-Denis. — Prise et saccage d'Édesse par l'atabek de Mossoul, 'Imād al-Dīn Zangī.

1145. Début de la réalisation de la décoration sculptée du portail royal de Chartres.

1146. 31 mars. Prédication de la deuxième croisade à Vézelay par saint Bernard.

27 décembre. Prédication de la deuxième croisade à Spire par saint Bernard.

1147. Départ de Louis VII pour la croisade. Suger devient régent du royaume.

1148. Échec des croisés devant Damas.

1151. 13 janvier. Mort de Suger, alors qu'il était sur le point de partir pour la Terre sainte.

1152. 21 mars. Annulation par le concile de Beaugency du mariage d'Aliénor d'Aquitaine et de Louis VII.

18 mai. Remariage d'Aliénor avec Henri Plantagenêt.

1153. Mort de saint Bernard.

1154. 19 décembre. Henri Plantagenêt est couronné roi d'Angleterre.

1160. Premiers vitraux de la façade de Chartres.

1163. Début de la construction de Notre-Dame de Paris.

1165. 21 août. Naissance de Philippe Auguste.

V. 1170-1185. Activité littéraire de Chrétien de Troyes.

1170. 29 décembre. Assassinat de Thomas Becket, archevêque de Canterbury.

1173. Apparition de l'hérésie vaudoise.

1174. Première mention d'un garde des foires de Champagne.

1175. Mise par écrit par Pierre de Saint-Cloud des premières branches du *Roman de Renart.*

1179. 1er novembre. Philippe II Auguste associé au trône et sacré à Reims.

1180. 18 septembre. Mort de Louis VII.

1180. 28 avril. Mariage de Philippe II Auguste avec Isabelle de Hainaut, nièce du comte de Flandre.

1187. 4 juillet. Défaite et capture à Hattin de Guy de Lusignan, roi de Jérusalem, par Saladin.

1187. 2 octobre. Prise de Jérusalem par Saladin.

1189. 6 juillet. Mort du roi d'Angleterre, Henri II. Avènement de Richard Cœur de Lion.

1189-1192. Troisième croisade.

1190. 4 juillet. Jonction à Vézelay de Philippe II Auguste et de Richard Cœur de Lion, en route pour la Terre sainte.

1191. 13 juillet. Reconquête de Saint-Jean-d'Acre par les croisés.

1192-1194. Captivité de Richard Cœur de Lion.

1194. 20 mars. Retour de Richard Cœur de Lion en Angleterre.

1194. 3 juillet. Défaite de Philippe II Auguste à Fréteval.

1196. Troisième mariage de Philippe Auguste, avec Agnès de Méran.

1199. Printemps. Mort de Richard Cœur de Lion. Avènement de Jean sans Terre.

1200. Diplôme de Philippe Auguste en faveur des écoliers de Paris.

1200. 22 mai. Paix du Goulet entre Philippe II Auguste et Jean sans Terre.

1202. 28 avril. Commise des fiefs français de Jean sans Terre.

1202. 1er août. Défaite et capture d'Arthur de Bretagne par l'armée de Jean sans Terre à Mirebeau.

1202. Novembre. Détournement de la quatrième croisade vers Zara.

1203. 17 juillet. Première prise de Constantinople par les croisés ; restauration de l'empereur byzantin Isaac II Ange et de son fils Alexis IV Ange.

1204. 6 mars. Prise de Château-Gaillard.

1204. 13 avril. Seconde prise et pillage de Constantinople par les Occidentaux.

1208. Première mention de l'université de Paris par Innocent III.

1209-1229. Croisades contre les albigeois.

1209. Première rédaction de la règle des Frères mineurs (Franciscains).

1213. Janvier. Mise au ban de la chrétienté de Jean sans Terre par Innocent III.

1213. 15 mai. Soumission de Jean sans Terre au pape Innocent III.

1214. 2 juillet. Bataille de La Roche-aux-Moines, remportée par le prince royal Louis sur le roi d'Angleterre, Jean sans Terre.

1214. 27 juillet. Bataille de Bouvines, remportée par Philippe II Auguste sur l'empereur Otton IV de Brunswick.

1215. Août. Décret de Robert de Courson, cardinal légat du Saint-Siège, concernant les maîtres et les écoliers de l'université de Paris.

1215. 11-30 novembre. Quatrième concile du Latran.

1216. Bulle de confirmation de l'ordre canonal des Frères prêcheurs, fondé par saint Dominique.

1216. 17 juillet. Mort du pape Innocent III.

1216. 19 octobre. Mort de Jean sans Terre. Avènement de Henri III.

1223. 14 juillet. Mort de Philippe Auguste.

1223. 6 août. Sacre de Louis VIII à Reims.

vers 1225-1235. Compilation des romans de *Lancelot* et de *Tristan* en prose.

1226. 8 novembre. Mort de Louis VIII.
29 novembre. Sacre de Louis IX, à Reims.

1229. 12 avril. Traité de Meaux-Paris.

1234. 25 avril. Déclaration de la majorité de Louis IX.

1242. 20 juillet. Bataille de Taillebourg.

1245-1248. Construction de la Sainte-Chapelle à Paris.

1248-1254. Croisade de Louis IX en Égypte, puis en Palestine.

1249. 4 juin. Prise de Damiette.

1250. 5 avril. Louis IX est fait prisonnier.

1251. Soulèvement des « pastoureaux ».

1252. Mort de la régente, Blanche de Castille.

1252-1259. Thomas d'Aquin enseigne à l'université de Paris.

1253. Fondation de la Sorbonne.

1258. 28 mai. Traité de paix entre Louis IX et le roi d'Angleterre, Henri III.

1259. 25 juillet. Traité de Paris.

1262-1263. Début du programme funéraire dans la basilique de Saint-Denis.

1269. Achèvement de la cathédrale d'Amiens.

1270. 1er juillet. Départ de Louis IX pour la croisade.
25 août. Mort de Louis IX.

1271. 15 août. Sacre de Philippe III le Hardi à Reims.

1271. 21 et 24 août. Mort à Savone d'Alphonse de Poitiers et de Jeanne de Toulouse.

1271-1295. Second voyage de Marco Polo : séjour en Chine.

1272. 16 novembre. Mort du roi d'Angleterre Henri III. Avènement d'Édouard Ier.

1273. 1er octobre. Échec de la candidature de Philippe III le Hardi à l'Empire. Élection de Rodolphe de Habsbourg.

1274. 7 mars. Mort de Thomas d'Aquin dans l'abbaye cistercienne de Fossanova.

1274. Mai. Cession du comtat Venaissin au pape.

mai-juillet. Second concile de Lyon. Première traduction en français, par le moine Primat, des futures *Grandes Chroniques de Saint-Denis.*

1276. Soulèvement de la Navarre contre l'administration française.

1277. 7 mars. Condamnation de 219 propositions averroïstes et même thomistes par l'évêque de Paris, Étienne Tempier. Début de la construction de la cathédrale de Rodez.

octobre. Citation par contumace pour hérésie de Siger de Brabant devant l'inquisiteur de Paris.

1278. 30 juin. Disgrâce et pendaison à Montfaucon du favori du roi, Pierre de La Broce.

1279. 23 mai. Traité d'Amiens : cession de l'Agenais à Édouard Ier d'Angleterre.

1280. décembre. Débordement de la Seine, qui transforme Paris en cité lacustre.

1282. Début de la construction de la cathédrale d'Albi (1282-1380).

1282. 30 mars. Vêpres siciliennes.

1283. Achèvement des *Coutumes de Beauvaisis* de Philippe de Beaumanoir.

1284. 17 mai. Émancipation de Jeanne de Navarre.

1284-1285. « Croisade » d'Aragon.

1285. 5 octobre. Mort de Philippe III, à Perpignan.

octobre. Mariage du futur Philippe IV le Bel et de Jeanne de Navarre.

1285. 25 mai - 5 octobre. « Croisade d'Aragon » : expédition de Philippe III le Hardi en Catalogne.

1285. 5 octobre. Mort de Philippe III le Hardi. Avènement de Philippe IV le Bel.

1286. 6 janvier. Sacre de Philippe le Bel.

1289. Octroi de statuts à l'université de Montpellier.

1291. Chute de Saint-Jean-d'Acre, dernière forteresse franque en Terre sainte.

1292. 15 mai. Bataille navale du cap Saint-Mathieu entre marins français et anglo-saxons.

1293. Décembre. Citation du duc de Guyenne (Édouard Ier d'Angleterre) devant la cour de Philippe IV le Bel.

1294. 19 mai. Confiscation par la cour de Philippe IV le Bel des fiefs du vassal félon : Philippe le Bel fait saisir la Guyenne.

décembre. Abdication du pape Célestin V et élection de Boniface VIII.

1294-1296. Conquête de la Guyenne par les Français en trois campagnes d'été.

1295. Avril. Première mutation monétaire de Philippe IV le Bel.
Début du conflit entre Philippe le Bel et Boniface VIII.

1296. 24 février. Décrétale *Clericis laicos* appelant l'exemption des clercs.

1297-1299. Guerres en Flandre.

1297. 6 août. Canonisation de Saint Louis.

20 août. Bataille de Furnes : victoire de Robert d'Artois sur le comte de Flandre, Gui de Dampierre.

1299. 19 juin. Traité franco-anglais de Montreuil-sur-Mer.
Mariage entre Marguerite de France et Édouard Ier.

1301. 12 juillet. Inculpation de Bernard Saisset, évêque de Pamiers.

24 octobre. Arrestation à Senlis de Bernard Saisset.

5 décembre. Bulle *Ausculta, Fili* : subordination du pouvoir temporel au spirituel.

1302. 10 avril. Assemblée de notables (notables, clercs et bourgeois) à Paris.

18 mai. « Matines » de Bruges : massacre des Français.

11 juillet. Bataille de Courtrai : défaite de Philippe le Bel face aux milices flamandes. Mort de Pierre Flotte au combat.

1303. 20 mai. Paix franco-anglaise de Paris : restitution de la Guyenne à Édouard Ier.

7 septembre. Attentat d'Anagni.

11 octobre. Mort à Rome du pape Boniface VIII.

1304. 18 août. Bataille de Mons-en-Pévèle. Annexion de Lille, Douai et Béthune.

1305. 23 juin. Paix franco-flamande d'Athis-sur-Orge.
Election du pape Clément V.

1307. 13 octobre. Arrestation des Templiers dans tout le royaume.

1308. Libération de Bernard Saisset, évêque de Pamiers.

1309. Installation en Avignon du pape Clément V.

1312. 3 avril. Suppression de l'ordre du Temple par le pape Clément V (bulle *Vox in excelso*).

1314. 18 mars. Supplice de Jacques de Molay, grand maître de l'ordre du Temple, et de Geoffroy de Charnay, commandeur de Normandie.

30 novembre. Mort de Philippe le Bel.

1315. Avril. Mort de Marguerite de Bourgogne, reine de Navarre (épouse de Louis X).

30 avril. Supplice d'Enguerrand de Marigny.

2 juillet. Affranchissement des serfs du domaine royal.

18 juillet. Rappel de juifs, autorisés à rentrer dans le royaume.

24 août. Sacre de Louis X le Hutin.

1315-1317. Grande famine en France et en Occident.
Agitation des ligues féodales.

1316. 5 juin. Mort de Louis X le Hutin.

16 juillet. Philippe le Long, comte de Poitiers, proclamé régent du royaume.

14 novembre. Naissance de Jean Ier le Posthume.

19 novembre. Mort de Jean Ier le Posthume.

1317. 9 janvier. Sacre à Reims de Philippe V le Long.

2 février. Assemblée des notables à Paris, excluant les femmes de la succession au trône.

1320. Janvier. Ordonnance de Vivier-en-Brie organisant la Chambre des comptes.

1321. Disette. Persécution contre les lépreux et les juifs.

1322. Soulèvement de paysans insurgés, les pastoureaux.

2 janvier. Mort à Longchamp de Philippe V le Long.

11 janvier. Sacre de Charles IV le Bel.

juin 1323-23 août 1328. Soulèvement des paysans en Flandre maritime.
Institution des jeux Floraux à Toulouse.

1324. Confiscation du comté de Ponthieu et du duché de Guyenne par Charles IV le Bel.

1327. 31 mars. Traité franco-anglais : restitution à Édouard III du Ponthieu et de la Guyenne, amputée de l'Agenais et du Bazadais.

1328. 1er février. Mort de Charles IV le Bel.

Le légiste et le bailli, nouveaux serviteurs de la monarchie capétienne au XIIIe siècle. Miniature de la fin du XIIIe siècle.

Dictionnaire des personnages

Abélard - Phot. Giraudon.

Abélard Pierre *(Le Pallet, près de Nantes, 1079 - prieuré clunisien de Saint-Marcel, près de Chalon-sur-Saône, 1142).* Bon philosophe et théologien l'un des plus illustres du Moyen Âge, il naquit dans une famille noble. Attiré de bonne heure par les lettres, il fonda sa propre école, d'abord à Melun, puis à Corbeil et enfin à Paris. Après avoir étudié la théologie auprès d'Anselme de Laon, il séjourna une seconde fois à Paris (1113-1118). Son enseignement était déjà réputé dans toute la chrétienté lorsqu'il devint l'amant de sa jeune élève Héloïse. Mutilé sur l'ordre du chanoine Fulbert, oncle de cette dernière (1118), il se réfugia à l'abbaye de Saint-Denis, puis dans différents monastères de la France du Nord et de Bretagne, où il continua d'enseigner et d'écrire un grand nombre d'ouvrages. Ceux-ci lui valurent des ennemis et plusieurs condamnations ; il fut même accusé d'hérésie et certains de ses livres furent brûlés. Théologien novateur et logicien remarquable, Abélard exerça une influence profonde sur toute la pensée des XIIe et XIIIe siècles.

Adam de la Halle *(Arras ? v. 1235 - en Italie ? v. 1290).* Trouvère picard, actif dans la seconde moitié du XIIIe siècle, il fut à la fois l'un des premiers « musiciens » de la France du Nord, un grand poète lyrique et le créateur du

Adam de la Halle - Phot. B. N.

théâtre profane en français *(Jeu de la Feuillée, Jeu de Robin et Marion).*

Albert le Grand saint *(Lauingen, Souabe, 1206 ou 1207 - Cologne 1280).* Issu d'une famille de l'aristocratie, dominicain dès août 1223, il vint enseigner à Paris de 1242 à 1248. Là il diffusa

Albert le Grand - Phot. Scala.

et commenta la pensée d'Aristote, en essayant de la concilier avec la doctrine chrétienne. Cette tâche, qui suscita bien des polémiques , fut continuée par son disciple Thomas d'Aquin. L'œuvre philosophique et scientifique d'Albert le Grand est considérable, et il est en fait l'un des plus grands savants du Moyen Âge occidental.

Aliénor d'Aquitaine *(Belin, Gironde, 1122 - Fontevrault 1204).* Fille et héritière du dernier duc d'Aquitaine, Guillaume X, elle devint reine de France en 1137 par son mariage avec Louis VII, à qui elle apporta en dot des territoires considérables. Le mariage fut cassé en 1152 par le concile de Beaugency, à la demande du roi de France. Près de deux mois plus tard, Aliénor épousa Henri Plantagenêt, comte d'Anjou et duc de Normandie, qui devint roi d'Angleterre en 1154. Ce second mariage ne fut pas plus heureux que le premier, et Aliénor se retira à Poitiers, où elle eut sa propre cour, groupant autour d'elle des poètes et des artistes. Elle fut régente d'Angleterre pendant le séjour de son fils, Richard Cœur de Lion, en Terre sainte, puis durant sa captivité en Autriche et en Allemagne (1189-1194). Elle se retira à l'abbaye de Fontevrault, où elle mourut.

Beaumanoir Philippe de Remi, sire de *(dans le Beauvaisis vers 1250 - Pont-Sainte-Maxence 1296).* Il fut un juriconsulte célèbre pour avoir rédigé, à la demande de Robert de Clermont, dernier fils de Saint Louis, les *Coutumes et usages de Beauvaisis,* terminés en 1283, et que l'on peut considérer comme l'expression la plus achevée de l'héritage juridique du règne de Saint Louis. Chef-d'œuvre du droit coutumier, ce texte donne un tableau très complet des institutions de la société féodale du XIIIe siècle.

Becket Thomas *(Londres 1118 - Canterbury 1170).* Fils d'un riche marchand d'origine normande, il fit de brillantes études à Paris et à Bologne. En 1155, il devint chancelier du nouveau roi d'Angleterre, Henri II. En 1162, il fut élu archevêque de Canterbury, réforma sa vie et entra en conflit avec son ancien ami et protecteur. Défenseur des droits de l'Église contre les ambitions du roi, Becket dut se réfugier en 1164 en France auprès de Louis VII, qui servit de médiateur entre le roi d'Angleterre et l'archevêque. Rentré en Angleterre en 1170, celui-ci fut assassiné dans son église cathédrale de Canterbury par quatre fidèles du roi. Ce meurtre suscita une émotion considérable dans toute la chrétienté, et Thomas Becket fut canonisé trois ans seulement après sa mort.

Bernard saint *(château de Fontaine-lès-Dijon, Côte-d'Or, 1090 - Clairvaux 1153).* De famille noble, il fut attiré tout jeune par la vie religieuse. Entré à l'abbaye de Cîteaux en 1112, il la quitta pour aller fonder le monastère de Clairvaux, qui bientôt éclipsa celui de Cîteaux et essaima à travers l'Europe

Thomas Becket - Phot. Lauros-Giraudon

Blanche de Castille - Phot. Bulloz/Ciccione.

Bonaventure - Phot. Scala

Boniface VIII - Phot. Scala

entière. Le rayonnement de Bernard assura celui de l'ordre cistercien et le jeta dans toutes les grandes luttes de l'Église au XIIe siècle : la réforme de la vie monastique, la création d'ordres nouveaux, comme celui du Temple, la croisade. Homme de son siècle, il n'éprouvait aucun doute à défendre par les armes l'Église du Christ contre les Infidèles, et c'est lui qui prêcha la deuxième croisade, à Vézelay, en 1146. Au nom de l'idéal ascétique, il entra souvent en conflit avec bon nombre de ses contemporains. Il fut canonisé dès 1173 et proclamé docteur de l'Église en 1830.

Blanche de Castille *(Palencia, Espagne, 1188 - Paris 1252).* Troisième fille du roi Alphonse VIII de Castille, petite-fille d'Henri II Plantagenêt et d'Aliénor d'Aquitaine, elle fut fiancée en 1200, lors de la conclusion de la paix du Goulet, au fils de Philippe Auguste, le futur Louis VIII, et élevée à la cour de France. Régente du royaume à deux reprises, de 1226 à 1234 et de 1248 à 1252, elle réussit à briser les révoltes de différents barons et à régler le problème languedocien. Jusqu'à sa mort, elle exerça une grande influence sur les affaires du royaume, Saint Louis ayant en sa mère une confiance inébranlable.

Bonaventure Giovanni Fidanza *(saint)* [*Bagnoregio, Italie, 1221 - Lyon 1274*]. Venu à Paris terminer ses études entre 1236 et 1242, entré chez les Franciscains en 1243 ou 1244, il devint rapidement l'un des maîtres les plus éminents du « studium » des Franciscains de Paris, où il enseigna exclusivement la théologie de 1253 à 1257. Il prit ainsi part aux grandes querelles qui agitèrent l'université et s'appliqua à défendre les mendiants contre les séculiers. Il fut élu général des Franciscains en 1257, puis nommé cardinal en 1273. Il fut l'un des plus grands théologiens du Moyen Âge. Canonisé en 1482, il fut placé au nombre des docteurs de l'Église en 1587 : le « Docteur séraphique ».

Boniface VIII, Benedetto Caetani *(Anagni v. 1235 - Rome 1303),* pape de 1294 à 1303. Successeur de Célestin V sur le trône de Pierre, il chercha à imposer les principes de la théocratie pontificale, tels qu'ils avaient été définis au début du XIIIe siècle par Innocent III. Il se heurta ainsi violemment à Philippe le Bel et fut humilié par Guillaume de Nogaret à Anagni (7 septembre 1303). Son échec marqua la ruine des idéaux politiques de la papauté médiévale.

Charles d'Anjou *(France 1226 - Foggia, Italie, 1285).* Comte apanagé d'Anjou et du Maine (1232-1285), comte de Provence (1246-1285), après son mariage avec l'héritière de cette principauté, Béatrice (1246), il bénéficia de la convention négociée le 15 août 1264 entre Louis IX et le pape Urbain IV qui l'investit du fief de la Sicile. Vainqueur de Manfred à Bénévent (2 février 1266), puis de Conrad V (Conradin) à Tagliacozzo (23 août 1268), il devint roi de Sicile (1266-1285) et pratiqua dès lors une audacieuse politique méditerranéenne. Maître de Corfou (1266), suzerain de la principauté d'Achaie (1267), il unit ses enfants aux héritiers de l'Empire latin de Constantinople et du royaume de Hongrie et racheta même, en 1272, à la petite-fille du roi Amaury Ier, ses droits à la couronne de Jérusalem. En liaison avec les Mongols, il songea, dès 1270, à reconquérir Constantinople et à prendre à revers les Mamelouks d'Égypte, ce qui rend discutable l'hypothèse selon laquelle il aurait conseillé à Saint Louis d'organiser la croisade de Tunisie. Il y mit fin (convention de septembre 1270), rapatria par la Sicile les restes de l'armée royale. Victime des Vêpres siciliennes (30 mars 1282), il perdit le contrôle de la Sicile insulaire au profit de Pierre III d'Aragon et ne régna plus dès lors que sur la Sicile péninsulaire : le royaume de Naples (1282-1285).

Charles IV le Bel *(Clermont 1294 - Vincennes 1328),* roi de France de 1322 à 1328. Dernier fils de Philippe le Bel, il monta sur le trône sans difficulté à la mort de son frère Philippe V, en janvier 1322. Son court règne de six années fut marqué par des difficultés économiques, par une tentative infructueuse du roi pour se faire élire empereur et par une reprise des hostilités en 1324 contre le roi d'Angleterre, qui perdit l'Agenais en 1327. Charles IV mourut en 1328 ; il fut le dernier des rois capétiens « directs ». Sa mort ouvrit une grave crise de succession dynastique.

Charles de Valois *(Poissy ? 1270 - Le Perray-en-Yvelines 1325).* Fils de roi (Philippe III), frère de roi (Philippe IV), oncle de rois (les trois fils de Philippe le Bel), père de roi (Philippe VI), il ne fut jamais roi lui-même, malgré ses ambitions et ses tentatives pour se faire couronner roi d'Aragon (1284), puis empereur latin d'Orient. Il fut néanmoins l'un des princes français les plus puissants de son temps, notamment après la mort de son frère, et le fondateur de la maison de Valois, qui monta sur le trône en 1328.

Chrétien de Troyes *(v. 1135 - v. 1185).* Romancier, sans doute le plus grand du Moyen Âge ; sa vie est totalement inconnue. Il vécut à la cour de Champagne et à celle de Flandre, où il commença le célèbre *Conte du Graal,* qu'il a laissé inachevé. Sa production se situe entre 1170 et 1183.

Clément V, Bertrand de Got *(Villandraut, Gironde, v. 1250 - Roquemaure, Gard, 1314),* pape de 1305 à 1314. Évêque de Comminges, puis archevêque de Bordeaux, il devint pape en 1305 grâce à l'appui de Philippe le Bel, à qui il se

Charles de Valois - Phot. Bulloz/Ciccione.

montra entièrement soumis. Fuyant les désordres romains, il s'installa en Avignon en 1309, où ses successeurs résidèrent jusqu'en 1377.

Saint Dominique - Phot. Giraudon.

Dominique SAINT *(Caleruega, province de Burgos, 1170 - Bologne 1221).* Issu d'une illustre famille de Castille, il fut d'abord chanoine du chapitre d'Osma, pour lequel il remplit différentes missions hors d'Espagne. Traversant le Languedoc à plusieurs reprises, il fut frappé par les progrès de l'hérésie albigeoise et finit par se joindre aux légats du pape pour aider à combattre, par la prédication, cette hérésie. En 1215, il réunit quelques compagnons avec lesquels il commença de pratiquer les exercices de la vie monastique. Ce furent là les débuts de l'ordre dominicain, spécialement consacré à la prédication et dont l'essor fut rapidement considérable. Il fut canonisé en 1234.

Flotte PIERRE *(en Languedoc v. 1250 - Courtrai 1302).* Formé par les écoles d'Alais et de Montpellier, considéré comme l'un des plus grands juristes de son temps, il devint le premier chancelier laïc de Philippe le Bel, en 1295, et dirigea une grande partie de la politique royale, tant intérieure qu'extérieure. Il fut tué à la bataille de Courtrai.

Foulques V le Jeune - Phot. Giraudon.

Foulques V le Jeune *(1095 - près de Ptolémaïs, Palestine, 1143) comte d'Anjou* (1109-1129). Puissant féodal, pratiquant une politique de bascule entre le roi de France et celui d'Angleterre, il réussit à marier son fils Geoffroi à la fille d'Henri Ier Beauclerc, l'impératrice Mathilde, union dont est issue toute la dynastie des Plantagenêts. En 1129, Foulques épousa en secondes noces, la fille du roi de Jérusalem, auquel il succéda deux ans plus tard (1131). Il s'attacha dès lors à défendre son royaume de Terre sainte contre les attaques des musulmans.

François d'Assise SAINT *(Assise 1182 - id. 1226).* Fils d'un riche marchand, il eut une jeunesse mondaine, puis réforma sa vie à la suite d'une grave maladie. Dès lors, il s'éloigna du monde et fut l'apôtre de la pauvreté. Il vivait d'aumônes, soignait les lépreux, réparait de ses mains les églises ruinées. Trois disciples s'étant mis sous sa direction, il prononça en 1209, avec eux, les trois vœux monastiques. Ainsi commença l'ordre franciscain, dont la règle fut approuvée par Innocent III en 1215 et qui connut rapidement un essor prodigieux. François abandonna ses fonctions à la tête de l'ordre après 1223 et se retira au cœur des Apennins

Saint François d'Assise - Phot. Scala.

pour méditer et prier. C'est là qu'il reçut les stigmates de la Passion. Il fut canonisé deux ans seulement après sa mort.

Frédéric Barberousse - Phot. Roger-Viollet.

Frédéric Barberousse *(Waiblingen 1122 - dans le Cydnos, en Asie Mineure, 1190),* empereur germanique de la maison des Hohenstaufen (1152-1190). D'abord duc de Souabe, il fut élu empereur par la diète de Francfort en 1152 et couronné à Rome en 1155. Il s'efforça à la fois de remettre de l'ordre en Allemagne, en faisant la guerre aux grands princes territoriaux, et d'étendre le pouvoir impérial en Italie, notamment au détriment de l'Église. Il échoua dans les deux cas, malgré un tempérament hors du commun et une activité politique et militaire incessante. Il se noya, en Asie Mineure, dans le Cydnos (auj. Tarsus Cayi), lors de la troisième croisade, et devint peu après sa mort un personnage de légende, tant en Allemagne qu'en Italie.

Gerbert d'Aurillac *(en Auvergne v. 938 - Rome 1003).* Moine du monastère Saint-Géraud d'Aurillac, il visita l'Espagne et y étudia diverses sciences avec des maîtres arabes. Devenu écolâtre de Reims en 972, il fut rapidement considéré comme le plus grand savant de son temps : philosophe, théologien et mathématicien, il eut pour élèves plusieurs fils de rois ou d'empereurs, ce qui lui permit de jouer un rôle politique important. Il contribua à l'élection de Hugues Capet avec Adalbéron, à qui il succéda sur le siège archiépiscopal de Reims en 988, puis il devint pape en avril 999 sous le nom de Sylvestre II. Il s'attacha dès lors à la réforme de l'Église et à l'unification de la chrétienté contre le danger musulman. Sa science impressionna tellement les contemporains et la postérité que des légendes firent plus tard de lui un pape « magicien ».

Guillaume de Lorris *(Lorris-en-Gâtinais v. 1200-1210 - apr. 1240).* Poète dont la vie nous est totalement inconnue, il fut l'auteur de la première partie du *Roman de la Rose,* que continua Jean de Meung. Conciliant les traditions courtoises et les prétentions à l'expérience autobiographique, cette œuvre constitue le plus grand poème allégorique que le Moyen Âge nous ait laissé, et l'un des chefs-d'œuvre de toute la littérature occidentale.

Guillaume Ier le Conquérant - Phot. Rapho

Guillaume Ier le Conquérant *(Falaise [?] 1027 - Rouen 1087).* Fils naturel du duc de Normandie Robert le Diable et d'Arlette, fille d'un peaussier de Falaise, il eut beaucoup de mal à imposer son autorité aux barons normands. Il ne triompha d'eux qu'en 1047 à la bataille du Val-lès-Dunes, près de Caen. Il fit ensuite la guerre à ses voisins et au roi de France. Puis ce fut l'expédition d'Angleterre, la victoire de Hastings et son sacre comme roi d'Angleterre le 25 décembre 1066. Il mit cinq ans pour pacifier son nouveau royaume, mais ne négligea pas pour autant ses possessions continentales. C'est en faisant la guerre contre son propre fils, Robert Courteheuse, allié au roi de France Philippe Ier, qu'il mourut à Rouen, après avoir fait incendier la ville de Mantes, où il fut blessé par son cheval.

Guillaume IX, duc d'Aquitaine *(1071 - Poitiers 1127).* Comte de Poitiers et duc d'Aquitaine et de Gascogne (1086-1127), il fut un grand féodal agité, occupant deux fois Toulouse (1098 et 1114), ayant de nombreux démêlés avec l'Église ; il fut deux fois excommunié. Cela ne l'empêcha pas de conduire une armée à la croisade (1101). Lettré sceptique, aimant les plaisirs, il fut un des plus anciens et des plus remarquables poètes de langue d'oc.

Guillaume X, DUC D'AQUITAINE *(Toulouse 1099 - Saint-Jacques de Compostelle 1137).* Dernier duc d'Aquitaine et de Gascogne (1127-1137), ami des lettres, du faste et des plaisirs, il eut pour fille la fameuse Aliénor, qu'il maria au futur Louis VII à qui il laissa son duché.

Grégoire VII *(Toscane v. 1020 - Salerne 1085).* Pape de 1073 à 1085, il fut l'un des plus grands pontifes romains du Moyen Âge. Il entra en conflit avec l'empereur Henri IV, qu'il humilia à Canossa (1077). Il se consacra surtout à la réforme de l'Église, en luttant contre la simonie et l'immoralité et en affirmant l'indépendance du pouvoir ecclésiastique vis-à-vis du pouvoir séculier. Son œuvre fut continuée par ses successeurs. Il fut canonisé en 1606.

Harold *(v. 1022 - Hastings 1066).* Fils du comte Godwine, le plus puissant personnage du royaume d'Angleterre, il devint le conseiller et le beau-frère du roi anglo-saxon Édouard le Confesseur (1042-1066), auquel il succéda au début de l'année 1066. Mais il dut faire face à plusieurs soulèvements dans les comtés du Nord, et surtout affronter le duc de Normandie Guillaume, qui le vainquit

Harold - Phot. Lessing-Magnum.

à la bataille de Hastings, où il fut tué (14 octobre 1066).

Henri Ier *(1008 - Vitry-aux-Loges 1060).* Second fils de Robert II le Pieux, il fut, après la mort de son frère aîné, associé au trône dès 1027. Seul roi de 1031 à 1060, il dut lutter contre son frère Robert, auquel il concéda le duché de Bourgogne en 1032, et contre ses vassaux, notamment contre le duc de Normandie. Il épousa en secondes noces Anne, fille du grand-prince de Kiev, ce qui établit des contacts entre le royaume et la chrétienté orientale.

Henri Ier Beauclerc, ROI D'ANGLETERRE *(Selby, Yorkshire, 1069 - Lyons-la-Forêt 1135).* Fils cadet de Guillaume le Conquérant, il s'empara du trône à la mort de son frère aîné Guillaume le Roux en 1100, puis de la Normandie en 1106 au détriment de son frère Robert Courteheuse. Prince lettré, diplomate habile, roi législateur, Henri Ier fut un des dynastes les plus puissants d'Occident. Ses luttes continuelles contre Louis VI tournèrent le plus souvent à son avantage.

Henri II Plantagenêt *(Le Mans 1133 - Chinon 1189).* Fils du comte d'Anjou Geoffroi Plantagenêt et, par sa mère, arrière-petit-fils de Guillaume Ier le Conquérant, il devint duc de Normandie en 1150, comte d'Anjou en 1151, roi d'Angleterre en 1154. Entre-temps, son mariage avec Aliénor d'Aquitaine (1152) lui avait apporté des droits de suzeraineté sur toute la France de l'Ouest et du Sud-Ouest. Roi énergique et ambitieux, mais homme cruel et violent, Henri travailla au renforcement du pouvoir monarchique en Angleterre et jeta les fondements d'une administration rigoureuse. Il se heurta à l'Église et à son chef, Thomas Becket, qu'il fit assassiner dans sa cathédrale de Canterbury (1170). Contre le roi de France, il remporta plusieurs victoires militaires, mais aucun succès décisif. Ses dernières années se passèrent à lutter contre les rébellions de ses fils, qui étaient encouragés par Aliénor et par le roi de France.

Henri V, EMPEREUR DU SAINT EMPIRE

Henri II Plantagenêt - Phot. Lauros-Giraudon.

GERMANIQUE *(Goslar 1081 - Utrecht 1125)*. Dernier empereur de la dynastie franconienne (salienne), il échoua dans la plupart de ses entreprises, notamment contre le pape et le roi de France ; après avoir mis une partie de l'Allemagne et de l'Italie à feu et à sang, il dut se résigner au concordat de Worms (1122) qui mettait fin à la longue querelle des Investitures.

Hugues Capet *(v. 941 - 996)*. Fils de Hugues le Grand, duc des Francs et comte de Paris, il fut d'abord un grand féodal, aidant les derniers rois carolingiens dans leurs guerres contre les empereurs germaniques. Élu roi à l'assemblée de Senlis, il fut sacré à Noyon le 3 juillet 987. Il mourut neuf ans plus tard, après un règne obscur, partagé avec son fils Robert, associé à la couronne dès la fin de l'année 987. Son surnom de *Capet* ne lui fut donné qu'au XIIe siècle.

Ingeburge *(Danemark v. 1176 - 1236)*. Fille du roi de Danemark, elle épousa Philippe Auguste, veuf d'Isabelle de Hainaut, en 1193. Mais le lendemain du mariage, pour des raisons inconnues, le roi prit sa nouvelle épouse en horreur et fit prononcer par une assemblée de prélats et de barons l'annulation de son mariage. Ingeburge fut emprisonnée et Philippe se remaria un peu plus tard avec Agnès, fille du duc de Méranie. Devant cette conduite scandaleuse, le pape, par deux fois, lança l'interdit sur le royaume et excommunia le roi. Mais ce n'est qu'en 1213, après la mort d'Agnès, que Philippe Auguste se décida à rendre à Ingeburge ses droits d'épouse et de reine.

Innocent III - Phot. Lauros-Giraudon

Innocent III *(Anagni 1160 - Rome 1216)*. Né d'une famille illustre qui donna neuf papes à l'Église, il fut élevé sur le trône de Pierre en 1198. Son règne de dix-huit ans marqua l'apogée de la puissance de la papauté au Moyen Âge. Pontife ayant une haute idée de son rôle, réformateur zélé, administrateur remarquable, politicien habile, il fut l'homme le plus influent de son temps et l'un des plus grands papes de l'histoire, sinon le plus grand. Son rôle fut capital lors de la réunion du IVe concile œcuménique du Latran (1215).

Jean sans Terre *(Oxford 1167 - château de Newark, Nottinghamshire, 1216)*. Cinquième fils de Henri II Plantagenêt et d'Aliénor d'Aquitaine, prince fourbe et cruel, il fut odieux à presque tous ses contemporains. Il succéda néanmoins à son frère Richard en 1199 sur le trône d'Angleterre, mais son règne ne fut qu'une succession d'échecs : devant Philippe Auguste, qui confisqua en 1202 et conquit la plus grande partie des possessions françaises des Plantagenêts ; devant le Saint-Siège, auquel il dut faire allégeance en 1213 ; devant les barons d'Angleterre, enfin, auxquels il dut, en 1215, concéder la Grande Charte, qui limitait le pouvoir royal.

Jean XXII — Phot. G. P. A. — Loury.

Jean XXII, JACQUES DUÈSE *(Cahors 1245 - Avignon 1334)*, pape de 1316 à 1334. Évêque de Fréjus, puis d'Avignon, il fut élu pape en 1316, après deux années de vacance pontificale consécutive à la mort de Clément V. Son pontificat fut constamment agité par des querelles religieuses (hostilité des Franciscains spirituels), théologiques et politiques. L'empereur Louis de Bavière, qu'il excommunia en 1324, lui opposa notamment un antipape romain : Nicolas V. Au milieu des crises, vivant comme un simple moine, Jean XXII gouverna néanmoins l'Église avec énergie, réorganisa ses finances et fut finalement le plus grand des papes d'Avignon.

Jeanne de Bourgogne *(1292 - Roye 1329)*. Fille du comte palatin de Bourgogne Otton IV et de Mahaut, comtesse d'Artois, elle épousa Philippe le Long, qui devint roi de France en 1316 sous le nom de Philippe V. Impliquée avec sa sœur Blanche et sa belle-sœur Marguerite dans les scandales dits plus tard, à tort, « de la tour de Nesle », elle fut enfermée pour ne pas avoir dénoncé au roi l'adultère des deux autres princesses. Mais son mari, devenu roi, décida de la reprendre. En 1319, il lui donna pour résidence l'hôtel de Nesle. Elle mourut peu après sa mère, peut-être empoisonnée par son cousin germain Robert d'Artois, qui revendiquait l'apanage d'Artois.

Joinville - Phot. Lauros-Giraudon.

Joinville JEAN, SIRE DE *(vers 1224 - Paris 1317)*. Issu de la petite noblesse champenoise, il occupa longtemps la charge de sénéchal de Champagne. En 1248, il accompagna Saint Louis à la croisade d'Égypte et devint son ami intime. Il refusa pourtant de le suivre lors de l'aventure tunisienne de 1270. Témoin lors de l'enquête qui précéda, en 1297, la canonisation du grand roi, il écrivit, vingt ans plus tard, une histoire de Saint Louis (1309) qui reste le témoignage le plus précieux que nous ayons sur la personnalité, la vie quotidienne et l'intimité du souverain.

Louis VI le Gros *(v. 1081 - Paris 1137)*. Fils et successeur de Philippe Ier, il fut, malgré des moyens limités, un grand souverain. Son règne (1108-1137) marqua une étape décisive dans l'affermissement de la monarchie et de la puissance capétiennes. Bien conseillé par son ami Suger, il réussit à mettre de l'ordre dans le domaine royal, s'appuya sur l'Église, encouragea le mouvement communal et intervint dans les affaires de plusieurs grands fiefs. À l'échelle de l'Europe, il resta néanmoins un roi faible.

Louis VII - Phot. Ségalat.

Louis VII le Jeune *(vers 1120 - Paris 1180)*. Fils et successeur de Louis VI, il fut de 1137 à 1180 un roi intelligent, maladroit, entièrement sous la coupe des hommes d'Église, Suger d'abord, puis saint Bernard. Son très long règne de 43 ans connut de graves échecs : la deuxième croisade (1147-1149), la répudiation et le remariage d'Aliénor avec Henri II en 1152, la formation de l'empire Plantagenêt en 1154. Ce fut cependant un règne d'expansion économique et démographique, et le royaume de France, dans son ensemble, connut une certaine prospérité. Grâce aux collaborateurs du roi, l'administration monarchique fit également des progrès importants.

Louis VIII le Lion *(Paris 1187 - Montpensier 1226)*. Fils unique légitime de Philippe Auguste, il fut longtemps écarté des affaires du royaume par son père, qui se méfiait de lui. Il acquit néanmoins un certain prestige en remportant sur Jean sans Terre la victoire de La Roche-aux-Moines, le 2 juillet 1214, peu de temps avant Bouvines. Il envahit l'Angleterre (22 mai 1216 - 28 septembre 1217), qui fut sauvée par la mort de Jean sans Terre (19 octobre 1216) et par la protection que le pape accorda alors au jeune Henri III. En 1219, il ne put s'emparer de Toulouse. Devenu roi, il enleva aux Anglais le Poitou et La Rochelle (1224) et organisa la croisade royale contre les albigeois, qui lui livra tout le Languedoc, sauf Toulouse (1226). Fiancé dès 1200 à Blanche de Castille, il en eut onze enfants, dont Saint Louis.

Louis VI le Gros · Phot. B.N.

Saint Louis · Phot. Rene Percheron.

Louis IX *(Poissy 1214 - devant Tunis 1270).* Fils de Louis VIII et de Blanche de Castille, il régna d'abord par la régence de sa mère, puis réellement à partir de 1234. Malgré deux croisades malheureuses, son règne marqua l'apogée de la dynastie capétienne, en France comme dans toute la chrétienté occidentale. Il pacifia le royaume, fortifia les institutions, se posa en arbitre d'un grand nombre de conflits internationaux. Sa réputation d'intégrité et de justice lui valut une estime universelle, et son règne resta pour plusieurs siècles « le bon temps du roi Saint Louis ». Il fut canonisé dès 1297.

Louis X le Hutin *(Paris 1289 - Vincennes 1316).* Fils aîné de Phi-

Louis X le Hutin — Phot. Lauros-Giraudon.

lippe IV le Bel et de Jeanne de Navarre, il devint, à la mort de sa mère, roi de Navarre (1305), puis roi de France en 1314. Roi faible, toujours à court d'argent, il laissa périr sa femme Marguerite de Bourgogne, accusée d'adultère, dans la prison glacée de Château-Gaillard. Il mourut après deux années de règne. Il eut un fils posthume, Jean Ier, qui ne vécut que quelques jours.

Marguerite de Bourgogne : Phot. Lauros-Giraudon.

Marguerite de Bourgogne *(1290 - Château-Gaillard 1315).* Fille du duc de Bourgogne Robert II, elle épousa en 1305 Louis le Hutin, fils aîné de Philippe le Bel. En 1314, elle fut, ainsi que sa belle-sœur Blanche de Bourgogne, accusée d'adultère avec les deux frères Philippe et Gautier d'Aunay, chevaliers de l'hôtel royal. Enfermée à Château-Gaillard, elle y serait morte de froid quelques mois plus tard.

Marigny ENGUERRAND DE *(Lyons-la-Forêt v. 1260 - Montfaucon 1315),* panetier de la reine Jeanne (1298), favori tout-puissant de Philippe le Bel à la fin de son règne, ce légiste fut chargé plus particulièrement des problèmes financiers. Il accrut la fiscalité tout en acquérant une immense fortune, ce qui le rendit impopulaire. Dès la mort du roi, il fut accusé d'exactions de toutes sortes, à l'instigation de Charles de Valois. Condamné sans avoir été entendu, il fut pendu au gibet de Montfaucon, victime de la réaction féodale et de la faiblesse de Louis X. Sa mémoire fut réhabilitée sous Philippe V.

Molay JACQUES DE *(Molay, Franche-Comté, v. 1243 - Paris 1314).* De petite noblesse, templier vers 1265, il servit en Palestine. Élu grand maître de l'ordre du Temple (1298), il en refusa la fusion avec celui des Hospitaliers, telle que la proposaient, perfidement, Philippe le Bel et le pape Clément V. En conflit violent avec le roi de France, il fut arrêté, emprisonné et enfin brûlé vif en mars 1314. L'ordre du Temple avait été supprimé par Clément V deux ans auparavant.

Jacques de Molay · Phot. Larousse

Nogaret GUILLAUME DE *(Saint-Félix-en-Lauragais, près de Toulouse, v. 1265- Paris 1314).* Professeur de droit à Montpellier, juge royal à Beaucaire vers 1294 puis à la Cour du roi vers 1296, il devint à la mort de Pierre Flotte, en 1302, le « légiste » le plus influent parmi les conseillers de Philippe le Bel. Il dirigea la politique royale contre Boniface VIII, organisa le coup de main d'Anagni (1303), puis fut l'instigateur des poursuites conduites contre les Templiers. Personnage réprouvé par les contemporains comme par les historiens, il fut néanmoins l'un des plus grands serviteurs de la monarchie capétienne.

Philippe Ier - Phot. Lauros-Giraudon.

Philippe Ier *(1052 - Melun 1108).* Fils de Henri Ier et d'Anne de Kiev, il fut sacré du vivant de son père, à l'âge de sept ans (1059). Son très long règne (1060-1108) — le troisième par la durée de toute l'histoire de France — fut marqué par des guerres contre les grands feudataires, notamment contre le duc Guillaume de Normandie devenu roi d'Angleterre, et par des difficultés avec l'Église et le Saint-Siège, en raison d'unions matrimoniales réprouvées. Il fut excommunié par le pape Urbain II en 1095, ce qui l'empêcha de participer aux préparatifs de la première croisade et à la croisade elle-même.

Philippe II Auguste - Phot. B.N.

Philippe II Auguste *(Paris 1165 - Mantes 1223).* Fils de Louis VII et d'Adèle de Champagne, il fut sacré et associé au trône dès 1179, puis devint seul roi l'année suivante. Son long règne de 43 ans fit faire à la monarchie capétienne des progrès exceptionnels, dans tous les domaines. Il est considéré par les historiens comme l'un des plus grands rois que la France ait connu.

Philippe III - Phot. Lauros-Giraudon.

Philippe III *(Poissy 1245 - Perpignan 1285).* Fils et successeur de Saint Louis, il ramena de Tunisie la dépouille de son père, puis entra en possession de l'immense héritage de son oncle Alphonse de Poitiers, dans le centre, le sud-ouest et le midi de la France. Malgré une politique aventureuse au-delà des Pyrénées, le règne de Philippe III contribua au renforcement des institutions centrales de la monarchie, et spécialement à ce qui sera plus tard le parlement.

Philippe IV LE BEL *(Fontainebleau 1268 - Paris 1314).* Roi dès l'âge de 17 ans, prince tenace et ambitieux, sachant s'entourer de conseillers compétents, il demeure un homme énigmatique, même s'il fut pendant près de trente ans le souverain le plus puissant d'Occident. Son règne, l'un des plus importants dans l'histoire de la France médiévale, vit la naissance d'une véritable politique nationale (dirigée notamment contre le pape) et d'une monarchie définitivement centralisée.

Philippe V le Long *(v. 1293 - Longchamp 1322).* Deuxième fils de Philippe

Philippe le Bel - Phot. Bulloz/Ciccione.

Philippe V le Long — Phot. Ciccione/Bulloz.

le Bel et de Jeanne de Navarre, il fut déclaré régent du royaume à la mort de son frère Louis X, en 1316. Le fils posthume de ce dernier n'ayant vécu que quelques jours, Philippe se fit sacrer roi de France le 9 janvier 1317, malgré l'opposition de nombreux barons qui voulaient placer sur le trône la fille de Louis X, Jeanne de Navarre. Une assemblée réunie à Paris fut gagnée à sa cause et déclara les femmes inaptes à la couronne (1317). Homme énergique, Philippe V continua l'œuvre administrative de son père.

Pierre le Vénérable *(Montboissier, Auvergne, v. 1092 - Cluny 1156).* Issu d'une noble famille auvergnate, il fut élu abbé de Cluny en 1122, et travailla pendant tout son abbatiat à restaurer les grandes traditions clunisiennes. Esprit cultivé, souvent adversaire da saint Bernard, il encouragea les lettres et fut le premier à faire traduire le Coran en latin.

Richard Ier Cœur de Lion *(Oxford 1157 - Châlus, France, 1199).* Troisième fils d'Henri II Plantagenêt et d'Aliénor d'Aquitaine, il acquit de bonne heure une réputation de prince ambitieux et de chevalier indomptable. Devenu roi d'Angleterre en 1189, il fut d'abord le héros de l'inutile troisième croisade, avant d'être l'adversaire acharné de Philippe Auguste. Roi actif, chef cruel, homme inconséquent, il dut à sa folle bravoure d'entrer vivant dans sa légende et de devenir l'archétype du roi-chevalier.

Robert d'Artois — Phot. Ciccione/Bulloz.

Robert d'Artois *(1287 - Londres 1342).* Arrière-petit-fils de Robert Ier comte d'Artois, frère de Saint Louis mort à la bataille de la Mansourah en 1250, il réclama vainement sa vie durant le comté d'Artois, donné à sa tante Mahaut. Rebelle, condamné à plusieurs reprises par ses pairs, notamment en 1332 à la suite d'un procès retentissant, il passa en Angleterre et se mit au service du roi Édouard III, qu'il poussa à prendre les armes contre la France.

Robert II le Pieux *(Orléans v. 970 - Melun 1031).* Déjà dans la force de l'âge lors de l'élection de son père, Hugues Capet, en 987, il fut presque aussitôt associé au trône, puis régna seul à partir de 996. Instruit, dévôt, poète et musicien, il sut s'entourer de conseillers habiles et tenir tête aux feudataires révoltés. Malgré sa piété, c'est avec l'Église qu'il eut le plus de démêlés, en raison de son mariage avec sa cousine au quatrième degré Berthe de Bourgogne, qu'il ne répudia

Robert le Pieux · Phot. Lauros-Giraudon

qu'en 1003, après avoir été excommunié.

Robert Guiscard *(v. 1015 - Céphalonie 1085).* Fils d'un petit seigneur normand du Cotentin, il partit courir l'aventure en Italie méridionale. Luttant tout à la fois contre les Byzantins, les Arabes et le pape, il réussit à se faire investir par ce dernier des duchés de Pouille, de Calabre et de Sicile. Cette île, qui se trouvait encore aux mains des sarrasins, fut conquise à partir de 1060. S'étant taillé un immense empire en Italie, Robert Guiscard — c'est-à-dire l'*Avisé* — rêva de l'étendre vers l'Orient, au détriment des empereurs de Byzance. Mais, devant aider le pape Grégoire VII dans sa guerre contre l'empereur germanique Henri IV, il ne put mener à bien sa conquête de l'Illyrie et de la Grèce, et mourut dans les îles Ioniennes.

Rutebeuf *(en Champagne ? v. 1225-Paris ? v. 1285).* Poète dont la vie nous est très mal connue (il semble actif à Paris vers 1250-1280), bien qu'il ait pris part aux querelles universitaires et aux grandes polémiques de son temps (notamment celles concernant la croisade). Son œuvre marque un tournant dans l'histoire de la poésie en français, non seulement par le recours à l'allégorie et à la satire pour exprimer des idées politiques ou philosophiques, mais aussi et surtout parce qu'il fut le premier à s'affranchir des traditions courtoises et à introduire constamment le *moi* dans ses vers. Le poème satirique *Renart le Bestourné* et *le Miracle de Théophile* (l'un des plus anciens « Miracles de Notre-Dame ») le rendirent particulièrement célèbre.

Saisset BERNARD *(v. 1240 - Pamiers 1314).* Premier évêque de Pamiers en 1295, il devint célèbre en prenant position, en faveur du pape, dans le second conflit qui opposa Boniface VIII à Philippe le Bel. En 1301, ce dernier le fit accuser de haute trahison et d'hérésie, puis incarcérer jusqu'en 1308. Il fut néanmoins libéré et rendu à son diocèse.

Simon IV de Montfort - Phot. B.N.

Simon IV de Montfort *(v. 1150 - Toulouse 1218).* Fils d'un comte d'Évreux, il s'illustra dans les expéditions conduites entre les hérétiques albigeois et remporta en 1213 sur Raimond V de Toulouse et Pierre II d'Aragon la victoire de Muret. Maître du Midi, investi par le pape du comté de Toulouse en 1215, il trouva la mort lors du siège de cette même ville, qui s'était révoltée en 1217 et qui refusait de se rendre à lui.

Sorbon ROBERT DE *(Sorbon, près de Rethel, Ardennes, 1201 - Paris 1274).* Chapelain et conseiller de Saint Louis, il est resté célèbre pour avoir fondé, en 1253, un collège parisien destiné à promouvoir l'enseignement de la théologie et à procurer un logement convenable aux étudiants pauvres et aux maîtres enseignant cette discipline. Ce fut la Sorbonne, ouverte en 1258 et qui, grâce à l'appui de Saint Louis et du pape, connut rapidement un essor considérable.

Suger *(Saint-Denis ou Argenteuil v. 1081 - Saint-Denis 1151).* Placé comme oblat à l'abbaye de Saint-Denis dès l'âge de dix ans, il eut pour compagnon d'école le futur roi Louis VI, dont il devint l'ami, le principal conseiller et le biographe. Élu abbé du puissant monastère en 1122, il s'efforça d'y restaurer la discipline et entreprit une reconstruction de l'église abbatiale. Celle-ci fut consacrée en 1144 et servit de modèle pour l'élévation de plusieurs autres églises d'Île-de-France. Homme politique, régent du royaume pendant le séjour de Louis VII en Terre sainte (1147-1149), Suger travailla, sous deux règnes successifs, au renforcement de l'autorité royale, à l'amélioration de la justice et à la lutte contre la féodalité.

Thomas d'Aquin - Phot. Scala

Sully - Phot. L. L.

Sully MAURICE DE *(Sully-sur-Loire vers 1120 - Paris 1196).* Prédicateur renommé, chanoine de Bourges, il devint évêque de Paris en 1160, et décida peu de temps après la construction d'une nouvelle église cathédrale. La première pierre fut posée en 1163, et l'autel consacré vingt ans plus tard. Toutefois, les travaux de Notre-Dame durèrent jusqu'en 1330, sans que les plans originels de Maurice de Sully fussent profondément modifiés.

Thomas d'Aquin SAINT *(Roccasecca, près d'Aquino, Italie, v. 1224 ou 1225 - Fossanova, Italie, 1274).* Dominicain en 1244, il se rendit à Paris en 1246 pour suivre l'enseignement d'Albert le Grand, qui lui fit découvrir Aristote. Il fut reçu maître en théologie (1256) et devint rapidement le professeur le plus influent de l'université parisienne, où il enseigna de 1256 à 1259 et de 1269 à 1272. Refusant une rupture complète entre la doctrine chrétienne et la science profane (spécialement l'aristotélisme), il tenta dans son œuvre magistrale, la *Somme théologique,* une synthèse originale entre les dogmes de la foi et l'indépendance de la raison.

Villard de Honnecourt *(XIIIe siècle).* Architecte et dessinateur actif au milieu du XIIIe siècle (il travailla surtout en Hongrie), il est resté célèbre par son album de croquis de 33 feuillets (conservé à la Bibliothèque nationale), comportant des plans de fortifications, des dessins de machines de guerre, des scènes militaires et religieuses, des figures géométriques et scientifiques et des représentations d'animaux.

Villehardouin GEOFFROI DE *(château de Villehardouin, près de Troyes, 1148-en Thrace 1213).* Maréchal de Champagne, il prit part à la quatrième croisade, à la prise de Constantinople (1204) et à la fondation de l'Empire latin d'Orient. « Maréchal de Romanie » et principal conseiller du roi de Thessalonique Boniface de Montferrat, il a rédigé une *Histoire de la conquête de Constantinople.*